NIKKEI WOMAN BOOK

CONTENTS

財布から冷蔵庫、クローゼットまで

1 貯まる女子の 暮らしの整え方編

年100万円以上貯めている人の暮らしの整え習慣

CASE 1 30歳までに貯蓄1000万を目指し、
服や食材のムダを徹底的にカット！…6

CASE 2 断捨離で"貯められない女子"を脱出！
夫婦で貯蓄1億円を目指す…10

CASE 3 お気に入りのモノだけを厳選し、
月12万円で豊かな暮らしを実現！…14

CASE 4 「週末リセット」で、予算崩れゼロ！
3年で1000万円貯まるペースに…18

貯め上手になった人の財布の中身&整え方

CASE 1 マネー手帳でお金の流れを意識し
「ATMが財布代わり」から脱出…22

CASE 2 月の予算と買い物デーを決め、
財布の中の2220円をキープ…24

食費上手な「シングル・ひとり暮らし」のヒミツ

CASE 1 プランター栽培、ぬか床の手入れ…
丁寧な生活で食材ロスゼロを実行！…26

CASE 2 決まった食材以外は買わず
"使いこなせない"を回避する…28

伝説の家政婦・志麻さんがプライベートでやっています！
食材も台所スペースもムダにしないプロの技…30

必要最低限の調味料&調理器具で台所を整える…32

「作り置き」しながら教えてもらいました
実録！志麻ワザ大公開…34

プロのワザで料理の困った！を解決する…36

最小限のアイテムの着回し&収納テクを公開！
ムダ買いしない人の制服化ルール

CASE 1 "掛けるだけ収納"で数量を固定
"自分スタイル"以外は買わない…38

CASE 2 買う服を3ブランドに絞り
突っ張り棒で全身コーデを見える化…42

CONTENTS

2 貯蓄&投資で資産づくり編

もっと賢くお金を増やしたい！

幸せを感じる「お金のかけどころ」の見つけ方 … 46

頑張りすぎは逆効果!? お金・時間・健康のベストバランスのつくり方 … 46

疲れる節約 vs. 疲れない節約 … 50

実践！効果抜群の疲れない節約法コレクション！… 52

幸せを感じる「お金のかけどころ」の見つけ方 … 54

総資産1000万円超え女子の24時間

CASE1 逆境からコツコツ出直し女子代表 … 58

CASE2 貯蓄のみから投資デビューした女子代表 … 62

CASE3 育休中に家計を立て直し女子代表 … 66

CASE4 節約して貯蓄を増やす女子代表 … 70

CASE5 株とメリハリ消費で資産形成する女子代表 … 74

CASE6 攻めの投資で資産を増やす女子代表 … 78

1000万円はいつ貯まる？ お金が勝手に貯まりだすしくみのつくり方 … 82

投資女子2000人アンケートで分かった！ 賢くお金を増やす女子リアル白書 … 90

3 お金が貯まる片づけ術編

モノを厳選すれば出費が減る！

貯めている女子のスッキリ部屋を大公開！… 94

WOMAN読者の"貯まる片づけワザ"大公開！

CASE1 ストックは最小限でスッキリ！月収の3割を貯蓄 … 98

CASE2 バイオリンとフェレットで帰りたくなる部屋に！… 102

CASE3 持たない暮らしに目覚め ボーナスを全額貯蓄 … 104

CONTENTS

4 定年女子のリアル家計編

老後のお金の不安はこうして解消!

片づけるとお金が勝手に貯まりだす! 7つの理由 … 106

貯蓄1000万円以上の女子はモノを上手に手放していた! … 108

気になる! 60代からの収入&支出のリアル … 110

CASE 1 のんびり働きながら元気なうちに旅行も楽しみたい … 112

CASE 2 資格が定年後にも役立っています … 112

CASE 3 「普通の暮らし」と「老後の安心」を同時に手に入れました … 113

CASE 4 コツコツ貯金と自宅の売却資金で、高級ホームに入りたい … 114

CASE 5 お金も幕引きも準備万全で、老後不安は一切なし! … 115

CASE 6 多くの看取りから学んだ「最期は人」ということ … 116

老後の不安はこれで解消! 60歳までのTODOリスト … 117

知っておきたい! 公的年金と定年後の家計支出 … 120

60歳以降も続けられる? 老後の働き方ロードマップ … 124

お金だけじゃ準備不足! 人生終盤に頼れる仕組み … 126

1

財布から冷蔵庫、
クローゼットまで

貯まる女子の
暮らしの整え方 編

モノの持ち方から買い物習慣まで、暮らしを整
えると、ムダ遣いする悪習慣を断ち切れ、無理
なくお金が貯められます。そのヒケツを、1年に
100万円以上貯めている女子たちの家計や習慣
から探ります。伝説の家政婦・志麻さんによる
台所の整え方、ムダなし調理のコツも伝授！

貯めている人の暮らしの整え習慣

年100万円以上

財布や冷蔵庫、クローゼット、リビング——。日常的に使うモノや場所を整えている人ほど、無理なくお金が貯まっている傾向が！
年間100万円以上貯める女性たちに、暮らしの整え習慣を聞きました。

1カ月の主な家計簿（2人分）

家賃	7万円（水道・光熱費含む）
食費	3万5000円
日用品代	5000円
通信費	9000円
小遣い（自分）	2万5000円
小遣い（彼）	2万2000円
奨学金返済（彼）	1万5000円
娯楽・レジャー費	1万2000円
特別費	2万円
貯蓄	**5万円**
投資	**6万7000円**

> 家電購入など、使わなければ、翌月に繰り越し
（彼が個別株に投資）

CASE 1

30歳までに貯蓄1000万円を目指し、服や食材のムダを徹底的にカット！

彼と合わせて年間260万円は貯蓄＆投資に！

ももさん
（仮名・26歳／新潟県）
@momool_kakeibo
職業 ➡ 福祉関連・専門職
居住形態 ➡ 彼と2人暮らし
住まい ➡ 1LDK賃貸マンション

MONEY DATA
- 手取り月収 16万円 （彼と合わせると月40万円弱）
- 手取り年収 260万円
- 貯蓄額 580万円 （2人の貯蓄は別で約60万円）

昨年秋から結婚前提の彼と同棲を始めたももさん。家計を1つにまとめ、2人の手取り月収のうち30％に当たる11万7000円を毎月の貯蓄＆投資に回す。「30歳までに貯蓄1000万円が目標です！」。

6

暮らしの整え方編

平日の服

外回りが多いので、動きやすいパンツスタイルが多い。「仕事着はユニクロやGUで買います」。

休日の服

「アプワイザー・リッシェ」がお気に入り。「買い足すのは1シーズン1着程度です」。

洋服を整える

カラー診断で似合う服を知り 厳選した買い物で 年40万円の節約に！

2年前の夏にパーソナルカラー診断を受け、似合う色の服だけを厳選して持つように。買い物も慎重になり、それまで月4万〜5万円かかっていた服代が、今は1シーズンで2万〜3万円程度に。「不要な服はメルカリで売りました」。

冬の外出時の靴は、約2万円のノースフェイスのブーツ1足のみ！

自分に似合う色の服しか買いません！

固定費を整える

"所有するのが当たり前"を疑い、車なしの生活にチャレンジ中！

「新潟では車を持つのが当たり前ですが、平日は全く使わないので、維持費や税金などのコストを考え、あえて"持たない"生活を選択。大きな買い物をするときは、レンタカーやタクシーを利用。所有するよりお得！」

月1レンタカーの利用料はたったの2500円！

残ったお金で上手にやりくりできるよう、暮らしも少しずつ整えた。「週末の作り置きで平日でもラクに自炊できるようにし、食費を削減。服はパーソナルカラー診断で似合う色の服だけしか買わないようにし、服飾費が激減しました」。

他にも、調味料や食品ストックを"見える化"し、ダブり買いがゼロに。年会費がかかるクレジットカードを解約したり、格安スマホに替えたりと、支出のムダを徹底的にカットした。

「ネットでお得情報をチェックするのが大好き。いいと思ったものはすぐ実践します。まずは、結婚資金や住宅購入資金を貯めたいですね」。

ももさんの **貯まる仕組みを公開！**

1 毎日の家計簿記入で予算に対し、使える残金をチェック！

すべての費目で予算を設定。「エクセルで作った家計簿は、日々の使ったお金を入力すると、予算に対し残りいくら使えるかが一瞬で分かるように。毎日チェックし、予算オーバーを防ぎます」。

		予算	決算
固定費 ¥104,875	住宅・光熱水費	¥70,000	¥70,000
	携帯電話	¥4,000	¥5,121
	携帯電話	¥1,000	¥844
	インターネット	¥4,104	¥4,104
	奨学金	¥15,000	¥15,000
生活費	食費	¥35,000	¥29,348
	日用品	¥5,000	¥8,931
	小遣い	¥22,000	¥15,949

2 お得なカードをダブルで使えば、還元率は3.2％！

「利用額の2％がキャッシュバックされるプリペイド式のVISAカード『Kyash』を食費・日用品代の支払いに。年会費無料でポイント還元率1.2％のリクルートカードから利用額がチャージされるよう紐づければ、還元率が合わせて3.2％に！ マネーブログで見つけたお得ワザです」

リクルートカードとプリペイド式のVISAカード「Kyash」をダブル使い！

3 給与振込口座を2つに分け、1つは貯蓄専用口座に

手取り月収16万円のうち5万円がみずほ銀行に、11万円が楽天銀行に振り込まれる仕組みに。「みずほ銀行は手をつけない貯蓄専用口座。財布は生活費用と小遣い用に分けて月の予算を入れます」。

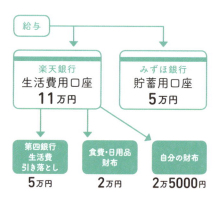

暮らしの整え方編

食材を整える

調味料や粉類、パスタは残量の見える化でムダ買い知らず

粉末の調味料や粉類は、透明の保存容器に入れて中身を見える化。残量も分かり、買いすぎがゼロに。蓋にラベルを付け、分かりやすく工夫する。「容器はネットで安く買いました」。食材ストックもよく見える位置に保管。

愛用中の容器はTAKEYAのフレッシュロック

食材ストックは無印良品のステンレスワイヤーバスケットへ

時間の使い方を整える

週末の作り置きで平日夜の自由時間を増やす

今年から平日夜は自炊を基本にし、食費が月1万円ダウン。「週末に作り置きしておけば、家に帰って10分で夕食に。浮いた時間は家計簿記入やポイ活、マネーブログでお得情報をチェックする時間に充てます」。

材料費3000円で2人×3日分の夕食のおかずを作り置き！

モノの買い方を整える

基礎化粧品はモニターで、米はふるさと納税でお得にゲット！

生活必需品をお得に得られる方法がないか、ネットで検索して実践。米はふるさと納税で実質2000円で10kg分をゲット。化粧水や美容液はモニター募集サイトに応募し、無料でもらった。

北海道浦臼町の返礼品です！

基礎化粧品代が浮きました！

暮らしを整えたら彼との絆が深まりました！

「まだ結婚していませんが、お金のことはすべてオープンに。将来のための貯蓄も始め、信頼関係がより深まった気がします」

CASE 2

断捨離で"貯められない女子"を脱出！ 夫婦で貯蓄1億円を目指す

年間300万円以上貯めています！

クマ子さん
（仮名・20代／東京都）
@kumako_kakeibo
職業 ➡ サービス業
居住形態 ➡ 夫と子供2人の4人暮らし
住まい ➡ 2DK賃貸マンション

現在育休中。月11万円の給付金をもらっています

MONEY DATA

- 手取り月収 **17**万円（世帯で52万円）
- 手取り年収 **260**万円（世帯で740万円）
- 貯蓄額（世帯分） **2200**万円
- 投資額（世帯分） **400**万円（投資信託77万円、個別株323万円）

世帯の手取り月収の5割以上を貯蓄と投資に回すクマ子さん。その自宅は0歳と1歳の子供がいるとは思えないほどスッキリ。「独身時代は片づけが大の苦手。散らかった部屋が落ち着かず、外でお金を使ってばかりで。肌も荒れて美容費がかさむなど、悪循環でした」。

きっかけは、結婚前に興味を持った断捨離。「山積みの服や小物を手放し、部屋に余白ができると気持ちいい！ モノよりスペースを優先したくて、家具は置かない」。

じっくり考えます」。必要なモノだけを持つ意識が高まり、出費が自然にダウン。さらに家賃や携帯代など固定費のムダを削り、いつの間にか貯蓄体質に。「マイホームを現金で買うのが目標。老後までに1億円貯められたら！」。

1ヵ月の主な家計簿（世帯分）

家賃	7万7000円
水道・光熱費	1万3000円
食費	6万円
日用品代	1万5000円
通信費	3000円
保険料	3500円
小遣い（自分）	1万5000円
小遣い（夫）	3万円
貯蓄	**19万円**
投資	**10万円**

在庫を整える

得意なエクセルを使って自作しました

日用品リストでムダなストックを持たない

日用品は、必ず使うモノだけを一覧にし、使い始めた日と、購入価格をメモ。「年明けから始めました。使い始めた日をメモすれば消費ペースがつかめ、余分なストックを買わずに済みます」。

持ち物を整える

月1の断捨離習慣で本当に必要なモノを見極める力がアップ

月に1度は、使っていないモノや服を意識して減らす。「使っていない理由を考えると、自分のムダに気づける。買い物の失敗が少なくなり、よりムダのない家計に！」。

つい増えてしまう保存容器も定期的に処分

リビングにモノが少ないと掃除もラク！

上段にPCを置き、作業台に。下段は子供の服と玩具を

部屋を整える

リビングは常に整え、心穏やかに過ごし、衝動買いなし

リビングには極力モノを置かず、収納も詰め込まない。「モノが少ないと、狭い家でもゆったり落ち着きます。探し物や掃除のストレスも減り、外で発散したくなる気持ちが起きません」。

クマ子さんの **貯まる仕組みを公開！**

1　月10万円ずつ投資信託の積み立てで運用

「貯蓄額が2000万円を突破し余裕資金ができたので、1年半前から投資信託で積み立て投資を始めました。本などを読んで勉強し、値動きが比較的緩やかなインデックス型の商品を選択。半年前に商品と月々の積立額を見直し、国内外の株と債券に分散投資しています」

積み立てている主な投資信託

※評価額は2019年2月8日時点。積立額は何度か変更あり

商品名	積立額	評価額（元金に対する損益）
ニッセイ日経225インデックスファンド	月2万3000円	18万5974円（-7032円）
〈購入・換金手数料なし〉ニッセイ外国株式インデックスファンド	月2万3000円	19万3502円（+1491円）
〈購入・換金手数料なし〉ニッセイ国内債券インデックスファンド	月2万3000円	11万6701円（+1696円）
〈購入・換金手数料なし〉ニッセイ外国債券インデックスファンド	月2万3000円	12万31円（+22円）
楽天・全米株式インデックス・ファンド	月5000円	8万6310円（+302円）
世界経済インデックスファンド	月3000円	6万9374円（+373円）

2　給料日に目的別に貯蓄額を振り分ける

貯蓄の目的別に口座を分け、給料日に貯蓄額を手動で各口座に振り分ける。「先取り貯蓄と投資で年間348万円貯まる仕組みです」。教育費用の口座は子供名義に。

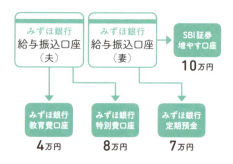

美容習慣を整える

規則正しい生活と肌ケアで美容費を月5万円以上節約

暴飲暴食や夜更かしなど、生活のムダも"断捨離"。「規則正しい生活をキープすることで体調が整い、肌荒れも改善。保湿を意識したプチプラのスキンケアに替え、高額なエステ代を節約」。

暮らしの整え方編

食費を整える

1週間の献立を決めて買い出し。食材のムダ買いゼロ

1週間分の献立を決めてから買い物に行くため、食材のムダ買いが激減。「毎日献立を考えなくていいのもラク。平日夜の外食も減ったので、食費が月3万円浮きました」。

ムダな食材を持たず、常にスッキリ

賞味期限が短い食品は、「即消費」トレーに入れて食べ切る

材料を切って袋にまとめ、調理を時短！使い忘れ防止にも

夕食だけ決めておき手帳に書きます

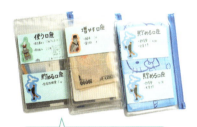

お金の出入りを整える

ビニールケースで通帳やカードを仕分けし、月1で記帳＆口座分け

口座は「使う」「貯める」「増やす」と目的別に分けて整理。「お金の流れをシンプルにすれば、口座が増えても管理がラク。現金は月1でまとめて下ろし、予算を見える化しています」。

100円ショップのビニールケースを活用しています

着る服を整える

トップスは3着だけに絞り、1シーズン着回す

洋服は生活シーンに必要な服に絞り込み。「今は育休中で家にいる時間がほとんどなので、トップスは3つあれば十分。ボトムスは2本のみ。復職したら、通勤用の服を買い足す予定です」。

服はプチプラで着回しやすいカラーを選択

暮らしを整えたら**肌がきれいになりました！**

「モノを減らしたら家の居心地が良くなり、自炊が増え、早寝早起きするなど生活習慣も整いました。肌荒れも改善し、気持ちも前向きに」

CASE 3

お気に入りの モノだけを厳選し、 月12万円で 豊かな暮らしを実現！

前職では年間200万円を貯めていました！

吉川沙羅さん
(仮名・43歳／大阪府)
職業 ➡ 求職中（前職は建築関連・事務）
居住形態 ➡ ひとり暮らし
住まい ➡ 1R賃貸マンション

前職は手取り月収30万円、手取り年収500万円

MONEY DATA

手取り月収＆年収 **0**万円

貯蓄額 **1700**万円

もともとは「あるお金は全部使ってしまうタイプだった」と言う吉川沙羅さん。浪費を見直すきっかけは引っ越し。「これは本当に必要?」と、1つずつモノと向き合うようになった。「押し入れにしまって読み返さない」大量の本も、「ある

のが当たり前」のテレビや電子レンジなどの家電も「ほとんど使っていない」と処分した。「本当に必要なモノや好きなモノなら使い切るし、愛用する。大切なモノに囲まれると家の居心地が良くなり、お金も貯まる。

間の貯蓄額を200万円に増額した。貯まる法則は、自分のお気に入りを見つけること。「本当に必要なモ 60歳までに6000万円という目標貯蓄額を設定したのも大きい。必要な日用品をリストで洗い出すなどしてムダな出費を削り、年

いいことずくめです」。

1カ月の主な家計簿（世帯分）

家賃	6万4000円
水道・光熱費	7000円
食費	1万5000円
日用品代	6000円
通信費	6000円
服飾・美容費	5000円
交際費	1万5000万円
貯蓄	**0万円**

退職前は月10万円を貯蓄

暮らしの整え方編

冷蔵庫は1ドアの超ミニサイズ！

調味料はマヨネーズ、ソース、ケチャップのみ

味噌、だしパック、梅干しは保存容器に詰め替えてすっきりと

おかずは週末に作り置き

家電を整える

電子レンジ、テレビは処分。冷蔵庫は"冷凍庫なし"で食材を持ちすぎない

ムダな食材を買わないよう、冷蔵庫は冷凍庫なしのミニマムに。「冷凍庫がなければ不要」と電子レンジも手放した。テレビも「ネットで事足りる」と、地デジ移行の際に処分。電気代が1000円程度の月も！

食材を整える

米、玄米、粉類は保存容器に入れて残量を見える化

食材のストックは棚の上に載るだけ。保存容器に入れ替えて中身を"見える化"すれば、在庫を管理しやすく、ムダな出費も減らせる。「パッケージも捨てられるので部屋もすっきり！」。

食材のストックは"見える化"して買いすぎない

調味料は湯浅醤油や九鬼の胡麻油などを厳選し、使い切る

本を整える

段ボール15箱分を処分し、何度も読み返す本だけをキープ

本が大好き。以前は段ボール15箱分の本を押し入れに保管していたが、「読み返すことはない」と思い切って処分。今も書店に行くと衝動買いしたくなるが、そんなときは図書館へ。「大量に本を借りると気持ちが治まります」。

最近は図書館をフル活用。左下段はすべて借りた本

吉川さんの **貯まる仕組みを公開！**

1 必要な日用品をリスト化して一覧に

化粧品や日用品を手帳に書いてリスト化し、必要なモノを把握。年間必要個数と底値も記し、年間の予算を立てて守るように。「目的もなくドラッグストアに立ち寄ることがなくなりました」。

2 60歳までに6000万円と貯蓄目標を決め、逆算して年間貯蓄額を算出

30代は年100万円の貯蓄ペースだったが、40歳目前に「60歳で貯蓄6000万円」と目標を定め、毎年の貯蓄額を逆算。以降、年200万円を貯蓄に回す。給与が上がってもムダ使いしないよう意識。

3 財形で先取り貯蓄し、意思の弱さをカバー！

退職前は財形貯蓄で月10万円＋ボーナス年80万円と、年間200万円を貯蓄。「入社当時は銀行の定期預金を利用していましたが、旅行のたびにお金を下ろしてしまい反省。入社10年目に財形に切り替えました」。

退職前
財形貯蓄 月**10万円**
ボーナス時に**80万円**を追加
年間**200万円**を貯蓄！

日用品を整える

お風呂もトイレも床も、これ1本で全部ピカピカに！

掃除用の洗剤は、「ウタマロ」1本に集約！

「以前は場所ごとに掃除用洗剤をたくさん用意していましたが、今は洗面所もお風呂もトイレもウタマロクリーナー1本で。スプレーして拭き取るだけで汚れが簡単に落ちるので、とっても便利！ 床の汚れ落としにも使えます」

暮らしの整え方編

クローゼット を整える

服、バッグは、自分好みの1軍アイテムのみ

オンシーズンの服はハンガーに、オフシーズンのモノは下の収納ケースに入れてすっきり！「服は白、ベージュ、ピンク色をベースに。好きな色、似合うものが分かると、ムダ買いがなくなりました」。バッグは用途別に必要な4つに厳選。

- スーツケースは奮発してリモワを購入。10年以上愛用！
- 書類は蛇腹ファイルに入れて、定位置に置いておく
- 白、ベージュ、ピンクが好き。それ以外はなるべく買わない
- バッグはお出かけや、買い物用など、用途別に4つのみ

靴 を整える

憧れのヒールはすべて処分。外反母趾に合う靴だけに

靴は4足のみ。外出用の黒靴、スニーカー、夏用サンダル、ビーチサンダルと必要最低限に絞った。「外反母趾なので憧れのヒール靴は諦め、足に合う靴だけを大切に履いています」。

昨年買ったのは黒の革靴のみ！少なくても困らない

リビング を整える

座り心地がいいソファを購入。カフェ通いが自然と減った！

3年前、今の家に引っ越したときに購入したソファ。寝転がれる大きさと優しいベージュの色合いがお気に入り。「カフェで寄り道するより、家でくつろぎたいと思えるようになりました」。

ソファは約3万円。ニトリで購入

暮らしを整えたら **おうち時間が楽しめるように**

「厳選したお気に入りアイテムばかりを揃えた家は居心地も癒やし効果も抜群！ モノの量も把握できているので、ムダな出費もありません」

CASE 4

「週末リセット」で、予算崩れゼロ！3年で1000万円貯まるペースに

年間360万円貯めています！

えまさん
（仮名・32歳／東京都）
@simplehome.8
職業 ➡ IT・人事
居住形態 ➡ 夫と子供と3人暮らし
住まい ➡ 3LDK分譲マンション

MONEY DATA

- 手取り月収 **20**万円（世帯で55万円）
- 手取り年収 **340**万円（世帯で880万円）
- 貯蓄額（世帯分） **2200**万円
- 投資額（世帯分） **209**万円
（個別株110万円、企業型確定拠出年金87万円、つみたてNISA4万円、外貨預金8万円）

フルタイムの共働きで平日は忙しく、以前は外食続き。食費が月10万円を超えることもあったえまさん。「出産後、もしこの先収入が"1馬力"になったらと不安になり、家計を見直し。でも、予算を決めても"疲れたから外食"がなかなか減らせず、挫折の連続でした」。

そこで、平日に夕食を作らなくていいよう、週末に作り置きを開始。「平日の夕食作りが楽になると外食に頼らずに済み、食材をムダに捨てることも減。食費は月3万5000円に！」。

部屋や服、家計も時間のある週末に意識して整えることで、平日の出費が乱れなくなり、それが家計の安定につながった。「気持ちの余裕ができたら物欲が減り、年360万円、3年で1000万円貯まる仕組みが整いました」。

1カ月の主な家計簿（世帯分）

住宅ローン・管理費	12万5000円
食費・日用品代	5万円
水道・光熱費	1万7000円
通信費	3400円
レジャー費・予備費	3万円
保育料	2万6000円
保険料	1万円
小遣い（妻）	1万〜1万5000円
小遣い（夫）	3万円
貯蓄	**20万円**
投資	**4万円**

レジャー費は毎週末5000円と予算を決めています

暮らしの整え方編

土曜日は
冷蔵庫の中が
空っぽに！

土曜に食材を
食べ切り、
日曜に作り置き

冷蔵庫 を整える

週末の作り置きを
食べ切り
平日は外食知らず

日曜日の作り置きを始めてから、平日の自炊が定着。「帰宅後10分ぐらいで用意できるので、外食に頼ることが減りました。無理すると続かないので、ゆでるだけ、漬けるだけなど、簡単にできるものだけに」。

財布 を整える

1週間を1万円でやりくり。
食費＆日用品代を
予算内に抑える

食費と日用品代用に専用財布を用意し、週1万円の予算でやりくり。「日曜に5000円ほど使って食材を買い出し。子供が作り置きに飽きてくる週の後半に総菜を買うお金をキープしながら、1週間乗り切ります」。

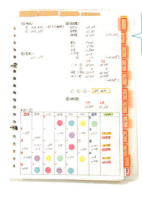

支出はノートに
記入して
振り返ります

毎週日曜日に
1万円を入れます

テーブルの上に
モノがないとスッキリ！

散らかり を整える

週1の「定位置戻し」で、
探し物なし！ ムダ買い防止
に効果てきめん

平日は手が回らず、出しっ放しになっているモノも、週末は元の場所にリセット。「散らかったモノがすっきり整うと、ストレスが減。探し物が見つからず、仕方なく新しいモノを買うなどのムダが減りました」。

えまさんの**貯まる仕組みを公開！**

1 目的に合わせて、貯蓄、投資、保険を使い分け

確実に用意したい教育費は学資保険と貯蓄で。先が長い老後資金はつみたてNISAなど、投資も取り入れる。「楽天・全世界株式インデックスファンドなど、複数のインデックスファンドに投資中。企業型確定拠出年金にも上乗せし、税制優遇を活用しています」。

教育費 / 貯蓄と学資保険で目標 **1000万円**
ローン繰り上げ返済 / 貯蓄で目標 **1000万円**
老後資金 / つみたてNISAと企業型確定拠出年金で目標 **3000万円**

2 特別出費は月別に予算化。現金管理で使いすぎを防止

固定資産税やギフトなど、変則的な出費は月ごとに予算化。「夫のボーナスから取り分け、ダイソーのセクションファイルで現金管理。使う目的を書いた付箋をお札に貼り、予算を守ります。使ったらノートに記録し、翌年の参考に」。

予算名を書いた付箋をお札に貼ってファイルにイン

3 夫の収入のみでやりくり。妻の収入は丸ごと貯める

家計は夫婦で共有。夫の収入は支出に、妻の収入は貯蓄や投資に充てて、お金の流れを整えた。「私の収入に手を付けず、夫のボーナスの一部も貯めて、年間360万円の貯蓄を確保しています」。

夫 給与 / 生活費 月**31万円** / 貯蓄 月**4万円**
夫 ボーナス / 特別出費 年**100万円** / 貯蓄 月**20万円**
妻 給与 / 貯蓄＆投資 月**20万円**
妻 ボーナス / 貯蓄 年**100万円**

家計を整える

夫との「お金会議」で出費の予定や変化をシェア

夫婦間で家計のホウ・レン・ソウを行い、生活費の変化や貯蓄額の累計を時々共有。「何にいくらかかっているかを数字で伝えることで、夫も生活コストを理解。小遣いを調整してくれるなど、家計に協力的に」。

暮らしの整え方編

TRUCKのソファ
は約40万円！

モノの買い方 を整える

多少高くても"ときめくモノ"を買うとつまらない物欲がオフ！

長く使う家具は妥協せず、"一生モノ"のつもりで購入。「本当に欲しいモノを手に入れると満足度が高く、次が欲しくならないことを発見。安いモノを何度も買い直すより、長く大事に使える分、コスパもいいです」。

KEYUCAの
ハンガーで
統一しています

クローゼット を整える

「今着る服」を常に厳選。着ない服をなくして服代は年7万円！

洋服は、ワンシーズン10着程度で着回し。「ユニクロやZARAでシンプルな服を購入し、とことん着倒します。買ったのに着ないムダがなくなり、コートを買わない年の私の服代は年7万円程度になりました」。

家族時間 を整える

週末の予算は5000円と決め、その範囲でしっかり楽しみストレス発散！

やりくり費とは別に、週末用の予算を確保。「一番大事にしたい"家族との時間"をケチケチせず楽しむことで、心のリセットに。また1週間頑張ろうと前向きになれ、貯蓄のやる気も保てます」。

暮らしを整えたら **幸せ度の高い毎日に！**

「フルタイムで忙しくても、気持ちに余裕を保てるように。モノやお金のムダがなくなり、家族との時間を増やせて、いいことだらけです」

貯蓄ほぼゼロから 貯め上手になった人の 財布の中身＆整え方

もともとは貯蓄ベタだったけれど、財布を整えてお金の使い方を見直したことで、"貯め体質"になった女性2人が登場。早速、財布の中身を拝見！

CASE 1

マネー手帳でお金の流れを意識し「ATMが財布代わり」から脱出

ブランド：COACH
購入価格：約3万円
使用期間：1年半
選んだ理由：「ビビッドなピンクにひと目ぼれ。大好きなカラーの財布は、お金を大切に思えます。濃い色なので、汚れが目立たないのも気に入っています」

今年は年100万円、貯まりそう！

日高陽菜さん
（仮名・32歳）
職業 ➡ 美容・管理職
居住形態 ➡ 実家暮らし

MONEY DATA

- 手取り月収 **26万円**
- 手取り年収 **450万円**
- 貯蓄・投資総額 **110万円**
  （内訳）定期預金：109万円
  つみたてNISA：1万円

1年前まで"ATMが財布代わり"だったという日高陽菜さん。「飲み会では1次会から2次会へと移動するたびに、コンビニでお金を下ろしていました」。だが昨年車を購入し、ほ

1カ月の主な家計簿

住居費（実家に入れるお金） ………… 5万5000円	交際費 …………… 3万円
食費 …………… 2万5000円	医療費 …………… 1万円
服飾・美容費 ………… 3万円	保険料 …………… 8500円
＞美容費のうち、1万5000円は毎日の時短になるマツエク代	**貯蓄 …… 4万5000円**
通信費 …………… 7000円	**投資 …………… 1万円**

財布の中身を拝見!

1週間分の生活費＝1万円＋予定分を週末に下ろして財布へ

週末に翌週の生活費1万円と、飲み会などに必要なお金をATMから引き出す。「やりくりし、予算を厳守!」。

ポイントカードは月1回以上使うものだけ

厳選し、財布に入る枚数のみに。「各カードの活用度が上がり、"お得意様"の特典を受けられることも!」。

カラオケ / 書店

飲食店のクーポンはこまめに期限切れをチェック

ランチで使える外食のクーポンは、財布の手前の収納に入れて目に入るようにし、使い忘れを防止。

買い物はお店を決めクレカを使い分け。ポイントは支払いに

服はマルイでエポスカード、コスメは東急百貨店で東急カードを利用。「お店の系列カードで買えば高還元率」。

コスメ代 / 服飾費

「コンビニ＝ファミマ」など、利用店を決めてその店のカードしか持たない

コンビニは利用店を決め、ポイントを効率良く貯める。「他店には入らなくなり、出費をセーブする効果も」。

"へそくり"と"大吉"が財布と心のお守りに

不測の事態に備えて、5000円札を予算とは別に忍ばせる。「大吉のおみくじもお守りに」。

ラクに貯まる仕組み

1. 給料日直後に手帳を見ながら月の支出予定額を記録

マネー手帳に、飲み会や買い物の予定と費用を書き出し、予算を見通す。「"お金ルール"を決めてから浪費が激減!」。

2. 就寝前に財布を整理し、レシートの内容を記録

日々の出費はマネー手帳に記録。「こんなに使ったと意識するだけで気が引き締まる。書かないと落ち着きません」（笑）。

3. ネットで見つけた黄金比と比べ、月イチで振り返る

理想の支出目安が分かる家計の黄金比率をネットで見つけ、自分と比較。「月に1度、使いすぎを見直す習慣に」。

4. クレカのアプリで日々の利用額を意識する

使用するクレカの専用アプリをスマホへ。「利用内容や引き落とし額、ポイントの情報も確認でき、使いすぎ防止に」。

ぼぼゼロに近い貯蓄額を見て愕然とした。「実家暮らしなのに貯蓄が少なすぎると反省。まず100万円の貯蓄を目指しました」。早速、財布を整理。ポイントカードは利用頻度が高い店のものだけに。「決まった店で決まったモノを買うようになり、ムダな衝動買いがなくなりました」。

また、月3万円の先取り貯蓄を始め、支出を週予算で管理。「週末に週の生活費1万円と交際費などを下ろし、ATMを封印。支出はその日の夜に日経WOMAN付録のマネー手帳に記録します」。結果、昨年は年80万円以上の貯蓄に成功。「今年は月4万5000円の貯蓄で頑張ります!」

CASE 2

月の予算と買い物デーを決め、財布の中の2220円をキープ

2年半で貯蓄200万円アップ！

小畑春香さん
（仮名・38歳）
職業 ➡ 教育・事務
居住形態 ➡ 夫と子供と3人暮らし

ブランド：FURLA
購入価格：2万2000円
使用期間：2年10ヵ月
選んだ理由：転職した頃、財布の価格の200倍が年収になると聞き、好きなブランドのフルラに買い換え。「3つ折りタイプで小さく、持ち運びがラクです」。

MONEY DATA

 手取り月収 **20**万円
（世帯手取り月収50万円）

 手取り年収 **370**万円
（世帯手取り年収770万円）

 貯蓄総額 約 **200**万円（世帯分）
（内訳）普通預金：100万円
　　　　定期預金100万円

貯蓄がほぼゼロの状態から、2年半で200万円貯められたと話す小畑春香さん。転機は3年前の転職だ。「収入が約100万円下がり、このままではまずいと、財布やお金の使い方を徹底

1ヵ月の主な家計簿（世帯分）

住居費（住宅ローンや駐車場代） ……… 12万円	教育費 ……… 5万円
食費＋日用品代 ……… 8万円	医療費 ……… 1万円
水道・光熱費 …… 2万5000円	娯楽・レジャー費 …… 1万円
服飾・美容費 ………… 6000円	夫と娘の小遣い…1万6000円
通信費 ………… 1万2000円	**貯蓄** ……… **9万5000円**
	（世帯分）

財布の中身を拝見！

現金は2220円のみしか入れない
「根拠は不明ですが、2220円を財布に入れるといいと耳にして、お守り代わりに。急な少額の出費に使います」

1000円チャージで10ポイント。ドンキの電子マネーで日用品をお得に購入
文具などはドン・キホーテで購入。「行くたびに1000円ずつチャージし、ゲットした10ポイントを利用。

懸賞で当たったクオカードで日用品のストックを購入
雑誌などの懸賞に応募し、当選したクオカードを数枚財布に忍ばせる。日用品のストック買いに活用。

固定費や定期代はクレカを活用。ポイントで体メンテ
基本は現金派だが光熱費などの固定費はイオンカード、定期代は京急カードで決済。「ポイントは整体費に」。

1軍のみ財布へ。他は専用ケースに入れ財布スッキリ
スーパーのオーケーやコストコなど、月1以上通う店以外のカードは財布に入れない。2軍カードは家で保管。

大切に持ち歩きたいお守りはかさばらない形状を選ぶ
大吉のおみくじなどのお守りは、かさばらない形状のものを選んで入れ、財布のスッキリ感をキープ。

ラクに貯まる仕組み

1. 費目別に予算を決め、月1回ATMで下ろして袋分け
食費など7つの費目の予算を決めて、給料日に下ろして袋分け。封筒の裏に使った日付と使い道、金額を記録。

2. 現金やクレカなどお金の出口を手帳に色分け
費目別の支出を手帳に記録し、現金やクレカなどの支払い方法を色分け。「お金の使い道と出口を把握できます」。

3. 献立と食材リストを作ってムダ買いゼロに
1週間分の献立と食材リストを作成。週末、現金決済の割引があるオーケーでリストに沿って予算内でまとめ買い。

4. 毎月の予算から浮いたお金は家族のご褒美に使う
月末に予算が余ったら専用袋へ。旅行や外食費など家族のお楽しみに使う。「やりくりを楽しめ、家族も協力的に！」。

「的に見直しました」。財布は収納量が限られたミニ財布を使用。クレカやポイントカードは、必然的に使用頻度やポイント還元率が高めの1軍のみ。平日は予備費として2220円だけ財布に入れるが、弁当＆水筒持参でお金を使わない。

また、月9万5000円を先取りで貯蓄。クレカ生活をやめ、現金払いに移行した。食費や日用品代は行く店ごとに月の予算を決め、給料日にATMからまとめてお金を下ろし、封筒で仕分け。買い物は週1回に絞り、行く直前に使う分だけを財布に入れる。「翌週の献立と買うモノを細かく決めて店に行くので、ムダ買いはゼロです！」。

月1万5000円以下でも食生活は豊かです

食費上手な「シングル・ひとり暮らし」のヒミツ

食費が安いからって、ひもじい節約生活をしているわけじゃない。
「ひとり暮らし」のサイズに合った、
効率的な食生活＆食費の抑え方があるんです！

CASE 1

プランター栽培、
ぬか床の手入れ…
丁寧な生活で
食材ロスゼロを実行！

豆からひいた
ドリップコーヒーで
贅沢なひと時を

広瀬美和子さん
(仮名・44歳／山形県)
職業 ➡ 運輸・事務

MONEY DATA
- 手取り月収 **15万円**
- 手取り年収 **180万円**
- 月の食費 **1万5000円**

季節ごとに保存食を仕込んだり、お気に入りのコーヒーでひと息ついたり…。食費を抑えつつも、豊かな食生活を楽しんでいる広瀬美和子さんのルールは、「食材ロスをゼロにする」こと。

「食材や調味料を、食べ切る前に傷ませてしまうのは最大のムダ。冷蔵庫の中を1回で消費し切れない野菜は、調理のついでにカットしてから小分けにして冷凍することで、時短も実現できる。

大根の皮や葉をめんつゆに漬けたり、豆苗を育てて再利用したりと、買った食材を余すところなく使い切るのも、食費を抑える秘訣。

「食いしん坊なので、多少高くても質の高い食材を使いたい。適量を知り、工夫しながら使い切ることで、満足度を上げつつ食費も抑えられています」

暮らしの整え方編

> 冷蔵庫を中心に解説！

広瀬さんの「ムダゼロ」LIFE

冷蔵庫の中は常にスッキリした状態をキープ。「何が入っているか把握できていれば、食材ロスや買いすぎもありません」。食材をケースに入れて整理することで、掃除しやすくなる利点も。

「東北電力カード」で電気代も"食費"ポイントに

電気代は「東北電力カード」で支払う。「貯まったポイントをWAONに交換する際、2倍になります」。

冷蔵庫

調味料、加工食品類、etc. 種類ごとにケースで仕分ける

冷蔵庫の中は、種類ごとに100均の取っ手付きケースで整理。「中身を常に把握できるようにし、賞味期限切れを防ぎます」。

安く買った肉、下ごしらえした野菜をストック

特売で買った肉は1食分ずつラップして冷凍庫へ。「野菜は調理のついでに、多めにカットして保存」。

サッと出せる副菜を保存容器に作っておく

付け合わせを作っておくと、食卓が豊かに。写真は大根の皮のめんつゆ漬け。

夕食のおかずの残りはお弁当サイズにして冷凍

おかずは多めに作り、シリコンカップに小分けして冷凍。「そのままお弁当箱に詰められて便利」。

手作り保存食で"食卓が寂しい"をなくす

手作り梅干しや郷土食の「しょうゆの実」は、おかずが少ない日の"あと1品"に活躍。

野菜をぬか漬けにして最後まで楽しむ

半端に余った野菜はお手製のぬか漬けに。「冷蔵庫で管理できるので、意外と手間はかかりません」。

使った後の豆苗を育てて再利用する

1度使った豆苗は、キッチンの窓辺で育てて再利用。「夏はプランターでハーブも育てています」。

レシピや食に関する工夫をノートに書き残す

家族や友人に教わったり、雑誌などで見たりしたレシピはノートに書き留め、食生活の参考に。

CASE 2

決まった食材以外は買わず"使いこなせない"を回避する

> 遠距離恋愛で交通費が大変！

片岡奈緒子さん
(仮名・26歳／埼玉県)
職業 ➡ 不動産・
　　　 ウェブディレクター兼経理

MONEY DATA

- 手取り月収 **28万円**
- 手取り年収 **350万円**
- 月の食費 **1万5000円**

「食材をムダにしないコツは、頑張りすぎないこと」。首都圏でひとり暮らしをしながら、月の食費は1万5000円という片岡奈緒子さんは、そう言って笑顔を見せた。

「今日、夕食を食べて帰る?」。そんな職場の人からの突然の誘いに気軽に乗れるのが、自由なひとり暮らしの醍醐味。一方で、「作り置きや食材の買い置きはムダになりがちだと気づいている」。そこで、家での食事はシンプルにすること。肉や葉物野菜はほとんど買いません」。おかずがたくさんできた日は、保存容器で冷蔵庫に。「次の日にアレンジして食べることもあるけれど、数日、同じメニューが続いても気にしません」(笑)。

に。「ご飯におかず1品でもOK。肉と野菜を炒めるのが定番。冬は、ひとり鍋も多いです」。

買う食材も、ほぼ決まっている。「ナスやニンジンなど日持ちする野菜と、鶏肉が中心。葉物野菜はほと

暮らしの整え方編

> 冷蔵庫を中心に解説！

片岡さんの「買いすぎない」LIFE

取材前日まで、遠距離恋愛中の彼に会いに名古屋まで行っていた片岡さん。
「定期的に家を空ける予定が入ると、計画的に冷蔵庫の中を片づける習慣が身に付きます」。

冷蔵庫

麦茶ストックで ミネラルウオーター代 を節約

水道水で煮出した麦茶をストック。「ペットボトルのゴミが出るので、ミネラルウオーターはやめました」。

調味料は"100円ローソン"で小サイズを

「調味料は、使い切りサイズがうれしい100円ローソンのプライベートブランド（PB）で」。セブンイレブンのPBも割安なので活用。

野菜をラップで 巻いて、 長期保存する

「ナスなどの野菜をラップでキッチリ巻き、保存袋に入れて冷蔵庫に入れると長持ちすると分かりました」

肉は「野菜炒め用」 「唐揚げ用」の 下味で冷凍

鶏肉は専門店で300～400gをまとめ買い。「その日に使う分以外は、用途別に下味をつけて冷凍保存」。

半端な野菜は ミートソースに して使い切る

冷蔵庫に残っている野菜を刻み、ひき肉とトマト缶でミートソースに。「冷凍保存し、パスタやグラタンに」。

主食はあえて パックご飯。炊き すぎない生活に

「小食で1膳の量も少ないので、ご飯はあえてパックご飯。神明の2食小分けパックが便利です」

買い物は商店街の 専門店を活用する

「会社帰り、ほぼ毎日買い物しています。肉は精肉店で、野菜は青果店で。基本的にその日に使う分しか買わないので、荷物も軽い」

作りすぎたおかず は保存容器に 入れて会社へ

「冷蔵庫のおかずだけを1品、保存容器に入れて出社することも。おにぎりを買い足してランチに」

29

> 伝説の家政婦・志麻さんがプライベートでやっています！

食材も台所スペースもムダにしないプロの技

食費を節約しているつもりでも、つい食材を買いすぎたり、余らせたりしていませんか？食材ロスとスペースのムダ使いを防ぐワザを、伝説の家政婦・志麻さんに聞きました！

タサン志麻さん

調理専門学校を卒業後、フランスのミシュラン三つ星レストランで研修。帰国後、有名フランス料理店に15年間勤務。結婚を機に登録した家事代行会社での「作り置き」の仕事が、テレビで「予約の取れない伝説の家政婦」として話題になる。『厨房から台所へ 志麻さんの思い出レシピ31』（ダイヤモンド社）など、著書多数。

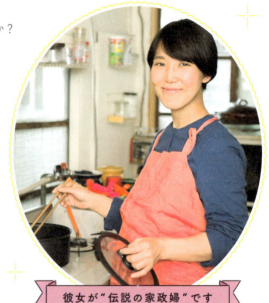

彼女が"伝説の家政婦"です

元フランス料理の
シェフだから…

**最小限で
おいしくする
ワザを知っている**

＋

**料理が苦手…の
壁の越え方を
知っている**

一般家庭の"食材使い切り"
で鍛えたから…

**冷蔵庫の余り食材を
100％使い切れる**

＋

**足りない材料が
あっても
なんとかなる**

食品会社で商品開発に
携わったから…

**市販の便利
レトルト食品も
使いこなせる**

＋

**代用品を
サッと思いつく**

暮らしの整え方編

頑張りすぎないほうが食材を上手に使い回せる

一般家庭の冷蔵庫の中身をチェックし、そこにある食材だけで10品以上の本格料理を作ってしまう。そんなスゴ技から"伝説の家政婦"と呼ばれるタサン志麻さん。「冷蔵庫にあるものだけで」「食材を使い切り」「短時間で仕上げる」腕さえあれば、食費のムダを抑えられるのに!

そんな歯ぎしりに、「コツさえ分かれば誰でも伝説になれます」と志麻さん。そして、自身の調味料や調理器具を見せつつ、コツを教えてくれた。

「ポイントは、『レシピに忠実に作るべき』『分量通りに作るべき』とがんじがらめにならず、自由になること。作れる料理は味噌汁だけでも、だし用の煮干しをコンソメに、味噌を牛乳にしたら、洋風スープです!」

そんな目からウロコのプロの技を取り入れて、今日から「伝説の食費上手ウーマン」に変身しよう!

食材ロスゼロな 志麻さんの**冷蔵庫を公開**

冷蔵室

肉はあえてチルド室に入れず目に付くところに入れておく

「メインによく使うお肉は、買いだめすることがあまりないので、チルド室ではなく、パッと見て分かる場所に」

冷蔵室扉

使用頻度の高い調味料を目に付くように並べる

調味料は取り出しやすい冷蔵庫扉に並べている。「何種類も用意すると場所を取るので、本当に使うものだけを厳選します」。

野菜室

一番下の食材でも"チラ見え"するように入れる

野菜の詰め込みすぎはどこに何があるか分からず、庫内で傷んでしまう原因になる。「底まで見えるのが野菜室の適量です」。

必要最低限の調味料＆調理器具で

台所を整える

ドーンと公開してもらった志麻さん愛用の調味料＆調理器具は、驚くほどシンプル。「特に調味料は、いろいろ持ちすぎても使い切れません。基本調味料は最小限にしつつ、実は便利な"技あり調味料"を常備しています」。

え、これだけ！？
・普段使いする調味料を公開・

+ **マグネットタイプの缶で冷蔵庫に貼り付け**

ハーブ類

「タイムとローリエの2種類があれば十分。奥行きと風味が出て、レストランの味に」。イケアのマグネット式保存容器で、冷蔵庫に貼りつけている。

+ **何でも"洋風"でまとまる**

コンソメ

「洋風料理の味のベース。和食の出汁をコンソメにするだけで、レパートリーは倍になりますよ！」

愛用は…▶ 味の素KK コンソメ〈固形タイプ〉／味の素

暮らしの整え方編

1 1本で味が決まる！
濃縮つゆ

「だし、醤油、みりんなどの"和の味"がバランス良くまとまっており、和食の味をキメやすい」

愛用は…▶ 濃いだし 本つゆ／キッコーマン

2 いつもの料理が洋風に早変わり
粉チーズ

「洋風煮込みの最後にかけて、コクを出します。から揚げやとんかつの衣に混ぜると、洋風に変身！」

愛用は…▶ クラフト100％パルメザンチーズ／森永乳業

3 辛みがまろやかなものが使いやすい
ラー油

「愛用のものは、かぐら南蛮という青唐辛子で作られ、香りも辛さも爽やか。和・洋・中に合います」

愛用は…▶ みどりのラー油／わたや

4 牛乳がない…！の緊急時に
粉末クリーム

生クリームや牛乳の代わりになる、使える"技あり調味料"。「ミルク煮の牛乳がないときに代用します」。

愛用は…▶ クリープ／森永乳業

5 "いつものメニュー"が別の料理に
カレー粉

「から揚げの衣に混ぜたり、ドレッシングに入れたり。ひとつまみで風味を変えられる、万能選手です」

愛用は…▶ カレーパウダー〈顆粒〉／ハウス食品

6 ドレッシングなどの隠し味で活躍
マスタード

「私は、ドレッシングに混ぜたり、肉の下味に加えたり。薄味に作った肉じゃがに添えてもおいしい」

愛用は…▶ つぶ入りマスタード／ハウス食品

7 好みの"辛み"1種を使い回し
ハリッサ

「七味、豆板醤など、料理ごとに"辛み"を使い分けず、ハリッサで和洋中すべての辛みをカバー」

愛用は…▶ オリジナル ハリッサ／カルディコーヒーファーム

8 ミル付きで風味を生かすのがマスト！
コショウ

「コショウは白よりも黒のほうが香りが強く、アクセントになります。風味が立つので、ミル付きを」

愛用は…▶ Rainbow pepper（ミル付き）／カルディコーヒーファーム

9 手軽に洋風煮込みを
トマト缶（ダイスカット）

「洋風の味つけの基本のひとつ。コンソメで煮た肉や野菜に1缶加えるだけで、簡単に味が変化します」

愛用は…▶ La Preziosa／カルディコーヒーファーム

必要最低限の調理器具

ポイントは大小ぞろえ！ フライパン2つ＋鍋2つと菜箸だけがあればいい

「調理器具は、作る量に合ったサイズを選ぶのが、おいしく作る基本。鍋とフライパンは、大小2つずつ用意。料理中は、菜箸1つで混ぜる・炒める・盛りつける。トング類は必要ありません」

愛用は…▶ 取っ手が取れるティファール「インジニオ・ネオ」とイケアの菜箸

幅も切れ味もバッチリです！ 千切りスライサー

「家事代行では、調理器具は訪問先のものを使いましたが、これだけは持参。切れ味、太さ共にベスト！」

愛用は…▶ SELECT100 せん切り器／貝印

サヨナラ！ 計量カップ＆計量スプーン

「家にあるもので作れない人の共通点は、『きちんと計量していること』なんです。最終的には目分量がおすすめですが、まずは、いつも使っているコップやスプーンを計量ツール代わりに！」

「作り置き」しながら教えてもらいました

実録！ 志麻ワザ大公開

冷蔵庫の中を見ただけでパパッとメニューを決め、時間も食材もムダにせず料理する…。そんな志麻さんの頭の中を誌上公開！

> **志麻ワザ** 最初に「肉・魚」を確認！
> メインを軸に考える

何を作ろうか―。迷いながら冷蔵庫を開けたとき、最初に見るのは「ズバリ、肉と魚です！ メインをイメージしてから野菜を見ると、献立が決まります」。

冷蔵庫の中のものだけでチャチャっと作るには…

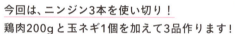

今回は、ニンジン3本を使い切り！
鶏肉200gと玉ネギ1個を加えて3品作ります！

「メイン1品とスープ、付け合わせ2品にします。ひとり暮らしの方なら3食分くらいになる量です」

"ニンジン"メインでここまでできる！

トータル **30分**

「計量しない」志麻さんメソッドを再現！ あえて調理時間と調味料の分量を掲載しないので、"感性の料理"にトライしてみて。

・メイン・ 鶏肉の野菜煮込み

材料3つに塩、水、白ワイン、コンソメキューブ1個を追加

1. 鶏肉を大きめの一口大に切って、裏表に塩をすり込む。
2. 大きめのフライパンに油を敷き、熱くなったら鶏肉を皮目から入れて、焼く。
3. 肉を焼く間にニンジン1本の皮をむき、1cmの厚さの輪切りに。
4. 肉をひっくり返す
5. 玉ネギ1/2個をくし形切りにする。
6. フライパンにニンジンと玉ネギを、重なり合わないように入れる。
7. 材料の半分ほどが隠れるくらいまで水を入れ、材料の頭が隠れるくらいまで白ワインを足す。強火で沸騰させたらコンソメキューブを1個入れ、軽く沸騰し続ける程度の火加減に調整し、ローリエとタイムを加えて、ニンジンの芯まで火が通るのを目安に、煮込む。

> **志麻ワザ** 肉を焼き始めてから
> 野菜を切って時短に

「皮目から焼いたら、焼き色がつくまで1mmも動かさないこと。じっくり焼いて旨みを閉じ込めるのがコツ。肉を焼き始めてから野菜を切ると、時短になり、肉もしっかり焼けて一石二鳥」

> **志麻ワザ** 下味の塩をしっかりすれば、
> シンプルな調理でおいしくなる

塩で鶏肉の旨みを引き出す。「最初にしっかり塩で下味を付けると味がキマリ、コンソメでシンプルに煮る以外の味つけが必要なくなります」。

34

・スープ・
ニンジンのスープ

ニンジン、玉ネギに
コンソメキューブ
1個を追加

1. 皮をむいた玉ネギ1/2個を繊維に沿って薄切りにし、油を熱した鍋に入れて塩を振り、焦げない程度の火加減で火を通す。時々菜箸で上下を返すように混ぜて、全体に均等に火を通す。
2. ニンジン1本の皮をむき、縦半分に切ったら薄くスライスする。
3. 玉ネギを炒めている鍋にニンジンを加え、玉ネギと均等に混ざるように全体を混ぜる。
4. 材料がひたひたになるくらいの水を加え、強火にして沸騰させたら、軽く沸騰し続けるくらいの火加減にし、コンソメキューブを1個加える。ニンジンを菜箸で簡単に崩せるくらい軟らかくなるまで火を通す。
5. 全体が滑らかになるようにブレンダーにかけ、牛乳で伸ばす。
6. ザルでこして完成。保存する場合は、この後1回沸騰させてから、保存容器に。

志麻ワザ 玉ネギを火にかけてから別の野菜を切る

「玉ネギはじっくり炒めると甘みが増します。玉ネギに火を通しながら他の野菜を切ると、時短になります」

志麻ワザ 100円のザルでブレンダーを代用！

「ブレンダーがない場合は、目の細かいザルに入れ、しゃもじで押して裏ごしを。私はザルを100円ショップで購入」

10分で2品 メインとスープを煮込む間に

・付け合わせ・
ニンジンのエスニックきんぴら

ニンジンに塩、
ナンプラーを追加

1. ニンジン1/2本の皮をむき、斜めに薄切りにしたものを、さらに千切りにする。
2. フライパンで油を熱したところに1を加え、さらに塩をひとつまみ入れて、全体がしんなりするまで火を通す。
3. ナンプラーをひと回しかけて、混ぜる。味見をしながら自分の好みを探そう！

志麻ワザ 同じ"千切り"も、切り方を変えてバリエーションを

「サラダやきんぴらなどの千切り。切り方や幅を変えるだけで、食感や味が変わります」

・付け合わせ・
キャロットラペ

1. ニンジン1/2本の皮をむき、千切りに。スライサーがあると便利。
2. ボウルに入れて、全体にしっかりと塩を振る。
3. もみ込んで全体がしんなりしたら水分を絞り、ボウルに戻す。
4. レモン汁をサッとひと回し、かける。レモンがない場合は、白ワインビネガーで代用してもOK。
5. オリーブオイルを4のレモン汁の3倍を意識して回しかける。さらに黒コショウを振って、全体を混ぜる。

志麻ワザ 油は味を決めてから加える

「油を入れると、そこから他の味は入らない。塩でニンジンの水分を出して絞ったら、レモン汁を少しずつ加えて味見。いい感じのところで油を」

ニンジンに塩、レモン汁、
オリーブオイル、黒コショウを追加

暮らしの整え方編

食材・台所スペース・時間を全部ムダにしない

プロのワザで料理の困った！を解決する

料理をしていると出てくる小さな困りごと、志麻さんがズバッと解決してくれました！

残り食材を活用するには

定番料理の材料をチェンジする

定番料理の材料を、他の食材に入れ替えて作るだけで料理の幅が広がる。「肉じゃがを作りたいのに、ジャガイモがない、というときも、ジャガイモを買い足さず、家にある野菜に替えてみて」。

例えば
**肉じゃがの「ジャガイモ」を「大根」に
エビチリの「エビ」を「白身魚」に**

ムダ買いをなくすには

使う頻度が低い調味料は代用を考える

使用頻度が低いスパイスは、よく使うもので代用する。「例えば、ナンプラーとアンチョビは風味が似ています。それぞれを代用に使ってもいいし、余ったアンチョビでエスニック料理も作れます」。

例えば｜麻婆豆腐｜なら

豆板醤（とうばんじゃん）　七味やハリッサ、チリパウダーなど、手持ちの辛み調味料でOK

甜麺醤（てんめんじゃん）　味噌に醤油と砂糖を加えて代用

志麻さんはハリッサを豆板醤代わりに使っているそう！

レシピを増やすには

ベースを替え、洋食・和食を行き来する

「肉じゃがは和食」「ポトフは洋食」と決めずに、ベースの味を変えてみる。「作り方も材料も変えず、コンソメをだしに替える、味噌をトマト缶にする…。和洋の入れ替えが、レシピを増やすコツ」。

	ベース	味付け
和食	だし	醤油、味噌など
洋食	コンソメ	トマト缶、牛乳など

調味料を増やさないためには

レトルト調味料でもOK！ひと手間加えて本格化

調味料を増やしたくない人は、レトルトの合わせ調味料でもOK。「中華なら、ゴマ油でニンニクを炒めて加える。ホワイトソースなら粉チーズをプラスすると本格的に」。

中華なら、最初にごま油でニンニクの香りを出す！

つなぎはジャガイモのすりおろしで代用！
ハンバーグのつなぎのパン粉がないときは、ジャガイモのすりおろしで代用可能。レンコンでもOK！

暮らしの整え方編

賞味期限切れを出さないためには

ドレッシングは酢1:油3で手作りする

酢1に対し油3の割合で混ぜ、塩と砂糖を少々を加えると、ドレッシングの完成。「アレンジ次第で、和・洋・中と手作りできます」。

基本のドレッシング

白ワインビネガー 1 ： オリーブオイル 3

↓ CHANGE　　　↓ CHANGE
酢　　　　　　　ゴマ油
レモン
醤油

＋

カレー粉
ハーブ
トマトなどの
野菜

加えてみる！

アレンジ

調理器具を増やさないためには

煮込み料理は大きめのフライパンで

「煮込み料理は、実は鍋よりフライパンがおすすめ。材料が重ならないように並べると、火が均一に入り、時間をかけずに煮込めるんですよ」

志麻さんも煮込み料理にはフライパン！「フランス料理店では、平べったい鍋が大活躍でした。"深い"より"底が広い"ほうが、煮込みには重要」。

付け合わせを楽に作るには

とりあえず「青いもの」をゆでて保存

スーパーで"なんとなく"買うなら、小松菜やブロッコリーなどの緑黄色野菜を。「すぐにゆでて、小分けにして冷蔵庫に保存。焼いただけの肉や魚に添えれば、メインの1皿に」。

半端を出さないためには

サラダと煮込みの同時進行で野菜を使い切る

「野菜は部位によって味わいや硬さが違います。火を通す料理と生で食べるものとを並行して作ると、おいしく使い切れるので、おすすめ」

例えばニンジンなら

芯の部分
甘みが少ないので、煮込みに入れてしまう

皮をむいた後の表面部分
甘みがあるので、サラダなど生で食べる料理に

先の細い部分
輪切りのままで食べやすい大きさになるので、煮込みに

手を切りそうで怖くて、ついつい捨てちゃう…がなくなる

スライサーの残りも煮込みにポン！
手でスライスするのが怖い半端の部分は、適当にカットして煮込みに！

最小限のアイテムの着回し&収納テクを公開！

ムダ買いしない人の制服化ルール

ムダ買いせずに貯蓄ができている人は、オン・オフの服を上手に「制服化」していました。服の買い方から収納法までをチェック！

CASE 1

"掛けるだけ収納"で
数量を固定
"自分スタイル"以外は
買わないと決めた

1カ月の服飾費は
月3万円以上から
月1.5万円以内に！

板橋京子さん
(仮名・30歳／北陸地方在住)
職業 ➡ 公務員
居住形態 ➡ ひとり暮らし

MONEY DATA

📅 手取り月収
19万円

📄 手取り年収
300万円

🐖 貯蓄・投資総額
約1000万円

こんな部屋に住んでいます！

「実家暮らしの頃は100着以上の洋服を持ち、月々の服飾費も把握していませんでした」と話す板橋京子さん。整理整頓も苦手で、

38

暮らしの整え方編

② 100均の衣類ラベルで おしゃれに見える化

下着などの衣装ケースには100均シールでラベリング。「印字済みなので手間いらずです」。

① ハンガーの数を40個と決め、5cm間隔で掛ける

決めたハンガーの数以上の服は買わない。「色やジャンルごとに5cm間隔に並べます」。

ムダ買いを防ぐ収納ルール

③ 洋服ブラシをフックに掛け、まめな手入れで服が長持ち

洋服ブラシや消臭スプレーも掛けておく。「コートは脱いだらすぐ手入れ。長持ちします」。

④ 下着や部屋着は重ねず立てて収納し、数を把握

下着や部屋着は立てて並べると取り出しやすい。「何が何枚あるかを把握でき、ムダ買い防止に」。

クローゼットを拝見！

服は脱ぎっぱなし。毎朝コーデが決まらないのもストレスだった。そこで服を半分に減らして手持ちの服を把握し、ムダ買いしないルールを決めた。

「ポイントは自分が似合うスタイルを知り、長く着回せるシンプルな色を選ぶこと。「ボトムスはブラウンなどの落ち着いた色、トップスは明るめの色に。自分の骨格に合うデザインかも重視し、購入する服のタイプを絞りました」。

以前は年間36万円以上使っていた服飾費も、予算を決め、今は年間18万円以内に。「浪費がなくなり、気に入った服に囲まれて快適に暮らしています」。

板橋さんの
1週間コーデ

[板橋さんが着回す] **1軍！春アイテム 10点**

トップス

 ❶
 ❷
 ❸

- ❶ グリーンレーベル リラクシング 約5000円（アウトレット価格）
- ❷ イエナ 約1万5000円
- ❸ グリーンレーベル リラクシング 約5000円（アウトレット価格）

ボトムス

 ❹
 ❺
 ❻

- ❹ ギャルリー・ヴィー 約2万円
- ❺ 22オクトーブル 約1万8000円
- ❻ アンタイトル 約1万4000円（セール価格）

バッグ＆靴

 ❼
 ❽

- ❼ トフ＆ロードストーン 約4万4000円
- ❽ フルラ 約3万円（アウトレット価格）

 ❾
 ❿

- ❾ コルソ ローマ 約2万円
- ❿ ダイアナ 約1万6000円

MONDAY

❸ ❻ ❼ ❾

歩くたびに揺れる太めのリボンベルトはかわいいだけでなく、骨盤の張りをカバー。

40

暮らしの整え方編

💬 ムダ買いを防ぐ買い替えルール

服飾費の予算は年間18万円まで。本当に欲しいのか自問

服飾費は月平均1万5000円、年間18万円と予算決め。「迷ったときに、本当に欲しいの？と考える癖がつき、支出の歯止めに」。

骨盤の張りが目立たないシンプル&ベーシックなデザインを選ぶ

「骨盤の張りがコンプレックス。スカートを買うときは、腰周りをきれいに見せてくれる、ベルト付きのものなどを選びます」

手持ちの服と2〜3通りのコーデがイメージできれば買う

ネットで目星をつけてから、リアル店舗で試着して買うのがマイルール。「手持ちの服を見ながら、着回しやすいかを検討します」。

冷静な判断を失うセールには極力行かない

衝動買いをしがちなのでセールには行かないように。「本当に欲しいものは定価で買い、安いという理由だけでは買いません！」。

THURSDAY

春っぽくなってきたので、ピンクのトップスとパンプスをチョイスして気分を上げる。

TUESDAY

週1でパンツスタイル。裾にかけて程よくフィットする細身のシルエットで足長効果も。

FRIDAY

週末の飲み会は大人コーデが多い。誕生日にもらった柄のスカーフでコンサバムードに。

WEDNESDAY

全体の印象を和らげ、コーデしやすいライトグレーのスカートがお気に入り。

CASE 2
買う服を3ブランドに絞り突っ張り棒で全身コーデを見える化

クローゼットを拝見！

1カ月の服飾費は月2万円から月5000円に！

今田絵里さん
(仮名／関東地方在住)
職業 ➡ 建設業・事務
居住形態 ➡ 彼と2人暮らし

こんな部屋に住んでいます！

洋服が大好きで、以前は衣装ケースが10個以上あったという今田絵里さん。手持ち服を把握し切れず、同じような服を買ってしまうことも多かった。「同棲中の彼といずれ結婚して家を購入したいという目標ができ、心機一転！ 服を減らし、ムダな出費も減らそう

ムダ買いを防ぐ収納ルール

1

アイテム・色別にハンガーで掛けて見やすくする

左は彼の、右は今田さんの収納エリアと決め、中央にはニット、右端はブラウスなどアイテム別＆色別に。「定位置を決めれば元の状態に戻しやすく、見た目もきれい」。

厚さ1cmのスリムで衣類がずれ落ちにくいMAWAハンガーを使用。

2

上段にトップスを、下段の突っ張り棒にボトムスを掛ける

シーズンの服は衣装ケースにしまわず全部ハンガーに掛けて見える化。所持する服をひと目で把握できる。「下段に突っ張り棒を取りつけ、ボトムスを掛けます」。
コートは、靴用クローゼットの棚を外した上段に、突っ張り棒で収納。

3

オフシーズンの服は「隠す」＆「預ける」でスッキリ

オフシーズンの服は無印良品の布ケースに入れ、クローゼットの上段に。かさばる冬物アウターは、9カ月間預かってくれるクリーニング店のサービスを利用。

4

収納ケースはあえて小さいものを選ぶ

下着類は無印良品の引き出しに収納。「小さい収納ケースを選び、数を決めて増やしません」。ワンシーズン着倒したら買い替える。

下着類はすべて丸めて収納。引き出しを開ければ、種類と数を把握できる。

と決意しました」。似ているデザインの服は原則1点に絞り、100着以上あった服を50着程度に厳選。衣装ケースには収納せず、クローゼットの下のデッドスペースに突っ張り棒を取りつけ、上段にはトップス、下段にはボトムスをハンガーで掛けて、コーデしやすいようにした。服の買い方も一新。シーズンの変わり目に手放す服の数だけ買い替えを検討し、購入店をユニクロ、GU、無印良品の3ブランドに絞ることで、他店に立ち寄らなくなった。「インスタなどのプチプラコーデを参考に、オン・オフで使える服を探して数を減らしています。服飾費は4分の1に！」。

今田さんの 1週間コーデ

MONDAY

❷
❽
❺
❾

ラフな服装OKの職場だが、来客対応がある日は、ブルーのシャツできちんと感を出す。

[今田さんが着回す　**1軍！春アイテム ❿ 点**]

トップス

❶ 無印良品 2990円
❷ GU 1990円
❸ ユニクロ 1990円

ボトムス

❹ ユニクロ 2990円
❺ ユニクロ 2990円
❻ ユニクロ 3990円

バッグ&靴

❼ GU 1990円
❽ アーバンリサーチ 約8000円
❾ GU 1990円
❿ ニューバランス 6990円

44

暮らしの整え方編

ムダ買いを防ぐ買い替えルール

ユニクロ、GU、無印良品の3ブランドでしか服を買わない

ウインドーショッピングはムダ買いのもと。「服はユニクロ、GU、無印良品の3つのブランドでしか買わないと決めました」。

仕事もプライベートも着回しが利くシンプルな服を選ぶ

「ラフな服装でもOKな職場なので、オン・オフで使えて、着回しやすいシンプルな服を選び、服の総数を減らしました」

プチプラコーデの記事や口コミをリサーチ。買う服を決めて試着

「センスがないので（笑）、衝動買いはせず、インスタなどでプチプラコーデを事前にチェック。そのコーデ通りに買うことも」

プチプラ服を1シーズン着倒したらメルカリに出品

あえてプチプラを選び、1シーズン着倒したらメルカリに出品。「定番ブランドならプチプラでも売れるので、捨てるよりお得」。

THURSDAY

まだ肌寒い日が続くので、暖かい白の「ニットカーデ」を羽織って寒さをしのぐ。

TUESDAY

ボーダーシャツに白のデニムスカート、スニーカーを合わせた、軽やかで春っぽい装い。

FRIDAY

席替えなど作業があればパンツルックで。ベルトでウエストに視線を向け足長効果を狙う。

WEDNESDAY

水曜日はノー残業デー。友人と食事することが多く、レーススカートで大人コーデに。

45

お金　時間　健康 の

ライフ＆マネー
バランスを整えて、
継続可能な家計になる

ベストバランスのつくり方

収入はあるけれど、残業ばかりで疲れ切り、人生に余裕がないと嘆く人も。
実は、「お金がたくさんある＝幸せ」ではない！　本当に豊かな人生のバランスって？

持続可能な家計管理は時間と心の余裕がポイント

横山さん。目安となる家計人のほうが、"豊かさ"を感じやすい。家計を見直す時間と心の余裕もあり、結果的に貯蓄できます」。

自分の時間も確保している人のほうが、"豊かさ"を感じやすい。家計を見直す時間と心の余裕もあり、結果的に貯蓄できます」。

お金のために時間を削る生活は、長く続けると破綻する可能性も高くなるそう。

「お金と同様に、時間も『消・浪・投』で考えましょう。お金と時間とのバランスが取れれば、健康的な生活が送れるはずです」。

「十分なお金があることを"豊か"と考える人もいるかもしれませんが、これまで1万5000人以上の家計を見てきた立場からすれば、それは必ずしも正しくありません」と言うのは、家計再生コンサルタントの横山光昭さん。貯蓄ひとつ取っても、年収1000万円以上の世帯が、案外、貯められていないことも。一方で、年収300万円で家族4人が幸せに暮らしている家庭もとても多いそう。

「私から見れば、後者のほうが、持続的に豊かに暮らせる人たちだと思います」。

大切なのは、収入ではなく「家計のバランス」だと入のなかでやりくりしつつ、

の割合と「消費・浪費・投資」に分けるお金の使い方を教えてくれた。ポイントは、「浪費」と「投資」。

「家計管理は持続性が大切で、無理をしては続きません。そのためには、浪費で適度に息を抜くことが大切。そして、投資によって、将来お金を増やすことを考える必要もあります」

また、心身の健康につながるお金の使い方も重要なポイント。「収入が高くても、自由になる時間が少なく、気持ちに余裕がないと、知らない間にお金を使ってしまうし、心身の健康を害して医療費がかかってしまうことも。それよりも、収

＼　**この人に聞きました**　／

家計再生コンサルタント
横山光昭さん

ファイナンシャルプランナー、マイエフピー代表取締役。独自の家計再生プログラムで、これまでに1万5000人以上の家計を再生。著書に『おひとり様を生き抜く「女子貯金」生活』（祥伝社）などがある。

暮らしの整え方編

まずは見直し！

お金が貯まる支出バランス

下は、横山さんが考える、理想の支出のバランスの割合。
「この数字はあくまでも目安で、手取り月収や家族構成、
家族の年齢によって理想の割合は若干変化します。
ただ、理想の割合から大幅に離れすぎる項目があれば、
見直しの対象としましょう」。「MY理想の金額」に、
今の手取り月収をもとにして、費目ごとに計算して書き込もう。

今の手取り月収×理想の割合（7%なら「×0.07」）で計算して書き込もう！

費 目	理想の割合	MY理想の金額
住居費（管理費を含む）	30%	円
水道・光熱費	7%	円
通信費（携帯電話代、固定電話代、プロバイダー料金）	3%	円
生命保険料	2%	円
食費	16%	円
日用品代	2.5%	円
医療費	1.5%	円
自分磨き代	4%	円
服飾費	3%	円
車関連費、交通費	2.5%	円
自由に使うお金	7.5%	円
その他	4%	円
貯金	17%	円

どの費目に入るか分からないお金。各費目が足りなくなった場合、ここから補塡。

※シングルひとり暮らし、手取り月収20万円程度の場合。
手取り月収や家族構成、家族の年齢などにより、理想の割合は変化します。

「お金」と密接に関わるのが「時間」。「時間」は心身の「健康」に影響する大切なポイントだ。お金×時間×健康の3つにどのようなバランスで投資すべきか、20代、30代、40代の3段階のステージで、横山さんが重視するポイントを紹介。

年代別

いつ、何に「投資」すべき？

お金　時間　健康
の
ベストバランス

	20代	**30代**	**40代**
どんな年代？	**守りに入らずチャレンジする** これから長く働き続けるために、キャリア形成の土台をつくる年代。たとえ失敗や回り道をしてもリカバリーが利き、経験値として積み上げられる。	**これからの生き方を考える** 安定したキャリアを築くのと同時に、結婚や出産などのライフイベントが重なりやすい。将来、パートナーを持つか否かを考え始めるときでもある。	**老後に向けて備え始める** キャリアやライフイベントが徐々に落ち着き始める年代。「『人生100年時代』に向け、45歳くらいから生活をダウンサイジングし、老後に備えて」。
お金の投資	**自分磨きを重視** 「金銭的な投資よりも、資格取得やスキルアップなどの自分のキャリアにつながるような自己投資を意識的に行いましょう」	**投資の勉強を** 少しずつ資産形成のための投資を。「インデックス投信の積み立てなど、基本的なものを勉強のつもりで始めてみましょう」。	**お金に働かせる** 「自己投資が収入につながりにくくなる世代は、自分に使っていたお金を、資産形成のための投資にシフトしていきたい」
時間の投資	**積極的に遊ぶ！** 「この時期は、時間の浪費が、後になって"投資"に変わる世代。仕事を頑張りつつ、積極的に遊ぶ時間も取って」	**お金で時間の解決も** 「育児など、ライフイベントで時間がないことも。家事代行サービスなどで、一時的に時間を"買っても"いい世代です」	**将来への投資を** 「老後、月数万円でも収入があると安心。長く働く方法や、特技を生かして副収入を得られそうな活動を模索して」
健康への投資	**必要な保険を検討** 「医療保険もがん保険も、20代なら月々の支払いも安く済む。十分な貯蓄がない世代こそ、掛け捨ての安い保険から検討を」	**生活に健康習慣を** ランニングなどの運動習慣を持ったり、食生活に気を付けたり。健康のために時間を使うことを、意識的に始めよう。	**予防＆早期発見を** 病気の予防や早期発見にお金も時間も割きたい。健康に自信がある人でも、人間ドックを受診するなど、体への投資を。

暮らしの整え方編

消費 浪費 投資
のバランス目安はこれ！

時間とお金を有効に使うには？ 消費・浪費・投資の3つの項目で見直してみて。

時間の理想バランス　　　　　　　**お金の理想バランス**

消費 70%

日々の"当たり前"になっている仕事や家事など。生きるための生活行動の時間は"消費"と換算。「時間も、"消費"だけにならないように気をつけましょう」。

生活するのに必要なモノやコトにかかる出費。家賃や保険料、通信費などの固定費、食費、日用品代、被服費などのこと。

浪費 5%

遊びに出かけたり、ボンヤリと過ごしたり。時間のムダと思える行動が、新しいアイデアにつながることもあるので、意識的に確保したい。

生活する上で必須ではない出費。友達と遊んだり、旅行に行ったり、息抜きにコーヒーを飲んだり。楽しむためのお金。

投資 25%

自分を高めることをする時間。同じ仕事でも、キャリアアップにつながる働き方ができたと思えば、投資と考えてOK！

資産を増やす金融商品への投資だけでなく、キャリアアップの勉強や、自分を高める書籍代など、広い意味での自己投資も。

49

頑張りすぎは逆効果!?

疲れる節約 vs.
疲れない節約

節約を頑張りすぎて疲れてしまっては、長続きしません。自分に合った
「疲れない節約法」を実践すれば、自然にお金が貯まっていくはず!

＼ この人に聞きました ／

ファイナンシャルプランナー
飯村久美さん

金融機関在籍中にFP資格を取得。出産後の退職で感じた、お金や漠然とした不安をライフプランで解決した体験から、FP事務所を開業。著書に『ズボラでもお金がみるみる貯まる37の方法』(アスコム) など。

同じ「食費の節約」でも疲れない方法を選ぼう

10円でも安い特価品を狙うような節約法は、労力の割に効果が薄いことも多い。一方、「1日1000円まで」など予算を決める手法は、いくら残せるかなどゲーム性も楽しく続けやすいのでおすすめ!

チラシを見比べて遠くの安いスーパーまで買いに行く	vs.	週の予算を決めて、その中でやりくり
✕		◯
疲れて継続できない!ストレスで浪費欲が増す!?		予算を守れた達成感でムリなく消費が減らせる!

やってはいけない「疲れる節約」4パターン

1 体に悪い節約
安い食材やジャンクフードばかり、冷暖房をギリギリまでガマン

2 信用を失う節約
友人の誘いを断ってばかり、家族に節電を強要する

3 楽しみを削る節約
自分や夫の小遣いを減らす、レジャーは極力行かない

4 踊らされる節約
単価を下げるためにまとめ買い、「今だけポイント10倍」に飛びつく

自分の価値観を知って無理のない節約法を発見!

「節約は重要ですが、それでストレスをためるのは逆効果。ストレス解消のために不必要な浪費に走りやすくなります」と、ファイナンシャルプランナーの飯村久美さん。必要なのは、努力しなくてもそれが当たり前の状態にできる「疲れない節約」だといえそう。

疲れない節約法を見つけるコツは、まず「自分の価値観を知ること」。自分にとって大事なものに優先的にお金をかけることに意識すれば、優先順位の低いものの支出は無理なく減らせる。また、固定費の削減や、なんとなく月会費を支払っていたサービスの解約など、痛みを伴うことなくできて効果の大きな節約法もある。

飯村さんが提案する左ページのようなやり方で、自分に合った方法を見つけて。

暮らしの整え方編

自分に合った「疲れない節約術」の見つけ方

予算の棚卸しで自分に合った方法を発見！

「一度、固定費を除いて1カ月に使えるお金をすべて現金で下ろしてみるのはおすすめ」。現金の重みを感じながら用途別にそれを振り分ける作業をしてみると、「自分が本当に譲れない支出と、それほど大事ではない支出が見えてきます」。

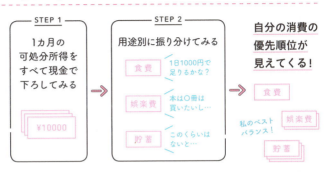

STEP 1 1カ月の可処分所得をすべて現金で下ろしてみる ¥10000

STEP 2 用途別に振り分けてみる
- 食費：1日1000円で足りるかな？
- 娯楽費：本は◯冊は買いたいし…
- 貯蓄：このくらいはないと…

自分の消費の優先順位が見えてくる！
食費／娯楽費／貯蓄　私のベストバランス！

試しにいつもの習慣を3日だけやめる

いつも決まった時間にコンビニに行き200円くらいの菓子を買うなど、「なんとなく習慣になっている支出があるなら、試しに短期間だけやめてみて。意外とそれをしなくても平気だと気づくこともあります」。つらかったら無理は禁物。

「帰りにふらっと寄るコンビニ」を3日間やめてみる
↓
実はあの菓子を買わなくても別につらくなかった！

「夜のネットサーフィン」の代わりに3日間、本を読んでみる
↓
つい見てしまう通販サイトの衝動買いが減った！

痛みを伴わない固定費にターゲットを絞る

減らし続けるのに意志が必要な変動費に対し、自動で引き落とされる固定費は、1度減らしてしまえば努力不要でずっと効果が続く。初心者はまず、固定費から減らせないかと考えてみよう。

 住宅ローンや保険の見直し
 月額課金サービスを見直しorやめる
 月払いの料金を年払いにする

忘れたまま払い続けている「謎の月会費」が明細にあるかも？

VIEW CARD(VIEW's NET サービスID)
今月の利用額 **¥21,000**

利用履歴　　　　　　　内訳
2018年9月11日(火)
 ネットフリックスドットコム　¥-1,026
2018年9月9日(日)
（振替）モバイルSuica入金（チャージ）　¥-5,000
2018年9月5日(水)
ワイヤレスゲゲト　¥-390
2018年9月1日(土)
 ニツケイアイデイケツサイ　¥-5,900
ニツケイビ・ビ・シヤシヨセキ　¥-2,400

疲れない厳選節約術は次ページ！

疲れない節約法コレクション！

実践！効果抜群の

疲れない節約法を探せといっても、何も思いつかない…という人も必見。ファイナンシャルプランナーの飯村久美さんのアドバイスを参考に、多くの人にとって効果が高そうな節約法を厳選したので、今すぐチェック。

水道・光熱費を減らす

一番考えやすい「照明をこまめに消す」は、マメでない人には面倒な割に節約効果は低い。料金プランや契約アンペアの変更なら手間なく年に数千円以上減らせる場合も。

〇 エアコン室外機を日陰にする

真夏のエアコン代の節約に効果的なのは、室外機が熱くならないよう、よしずなどで日陰の状態を保つこと。運転効率がアップする。ただし、風通しが悪くなると逆効果なので注意。

〇 電力、ガス会社を乗り換える

最近は電力会社やガス会社を乗り換え可能。両方を同じ会社にまとめると、割引が受けられる場合も多い。情報サイトの「エネチェンジ」で自分にお得なプランを探してみよう。

〇 節水シャワーヘッドに替える

水の使用量を減らそうとすると努力が必要だが、「根元から絞ってしまえばムリなく継続的に減らせます」（飯村さん）。例えばシャワーヘッドは、普通の半分近くに使用水量を減らせるタイプもある。

〇 古すぎる冷蔵庫を買い替える

家庭の消費電力量で、エアコンに次いで大きいのが冷蔵庫。「10年近く前のモデルを買い替えたら、電気代が月8000円から3000円に減った例もあります」。収納容量も増えるので思い切って買い替えも。

✕ 照明やエアコンをこまめに消す

疲れる

実は照明が消費電力に占める比率はごくわずか。エアコンは運転開始時に特に電力を使うので、つけっ放しのほうが消費電力が少ないことも。いずれもこまめにオフしても、労力の割に効果は薄い。

暮らしの整え方編

服飾・美容費
を減らす

油断するとどんどん増えてしまうのが服飾費。節約のためのセールが逆効果になることも。予算管理という意味で、定額制ファッションレンタルは注目。

○ 美容院は カットモデルを狙う

美容院代の負担が大きい人は少なくないが、無理に回数を減らすのはストレスがたまるかも。「美容院予約アプリのminimoでは、カットモデルを募集している店舗を探せます」。先着順ながら、カット無料など、劇的に安い料金で済む場合も。

○ 新しい服は定額制 レンタルに絞る

定額料金で毎月新しい服をレンタルできるサービス。エアークローゼットは月6800円で3着ずつ。サスティナは月4900円で10着まで借りられ、毎月3着交換できる。「定番の服だけ所有し、流行の服はレンタルに絞れば、服飾費が膨らみません」。

✕ 疲れる セールの 底値を狙う

服をセールで買えば割引率は大きいが、代わりに消費欲をあおられ「余計に買ってしまう」リスクも。あまり着ない服まで買ってしまえばクローゼットがあふれ、生活は乱れていく。

税金
を減らす

「節税も立派な節約の一種です」。毎年1回の手続きで年間数万円の節約になる場合もあるので、使える制度は積極的に利用を。貯蓄の「預け先を変える」だけでも節税に。

○ 市販薬のレシートを 保存する

通常の医療費控除は年間10万円を超えた分からだが、「セルフメディケーション税制」対象の市販薬（右のマーク）ならば、年間1万2000円を超えた分から控除の対象。頭痛薬や花粉症薬などのレシートは保存を。

○ 投資が怖くても 預金でiDeCo

毎月の掛け金が所得控除の対象になる「iDeCo」。積立先は値動きのある投資信託だけでなく、元本保証の定期預金も選べる。60歳まで引き出せないが、老後用の貯蓄ならiDeCoで行うだけで節税に。

企業年金なしの会社員の最大節税額	
年収400万円	4万1700円/年
年収600万円	5万5800円/年
年収800万円	8万4000円/年

※労働金庫の「節税シミュレーター」で、35歳、配偶者の扶養なし、子供なしの条件で試算

食費
を減らす

食材をケチる、特価品に血眼になる、というのは典型的な「疲れる節約」。だが、疲れない食費節約法もある。特にネットスーパーによる予算管理は試す価値あり。

○ ふるさと納税を 主食に集中

さまざまな返礼品が得られるふるさと納税。せっかくだからと豪華食材を選びがちだが、これを「米」にすれば、数万円の寄付（自己負担は2000円）で15kg以上の米が届く自治体も。

○ 予算を決めて ネットスーパーを利用

ネットスーパーは利用額によっては配送料がかかるが、常に合計額を見ながら商品を選べ、店頭の誘惑に負けることもないので、予算を決めて食費を抑えるには有効。

幸せを感じる「お金のかけどころ」の見つけ方

自分は何にお金を使いたいのか、何にお金をかければ幸せに感じるのかを知ることが、お金を増やすモチベーションに。自分のお金に対する価値観を知って、お金の増やしどころと、削りどころをチェックしましょう。

1 ワクワクするお金の使い方を考える

「こうなりたい！」というワクワクする未来のビジョンを描くと、自分が目指すべきお金の使い方が見えてくる。

ワクワクする未来を描く！

右の4つの分野で、理想の未来像を書き込んで。「できる」「できない」は考えず、達成できたらうれしいことを具体的に書くことで、強いモチベーションに。迷ったときに立ち返る原点として、出費の判断基準にもなる。

お金の使い方ワクワクシート

書き込み例

学び&成長 （スキルアップ）	未来のお金 （老後など）
☐ 年収1000万円になる ☐ 語学力をアップさせる	☐ 子供や孫たちと、定期的に旅行ができるぐらいの老後資金を貯める

ライフスタイル （美容、健康、住まいなど）	自分の楽しみ （旅行、レジャーなど）
☐ 体形が変わらないようにする ☐ 利便性の高い場所にマンションを購入	☐ 年1回海外旅行をする ☐ 映画を見たり、美術館に行ったりする

学び&成長（スキルアップ）
目指したいキャリアや資格、スキル、年収などを書く

未来のお金（老後など）
理想とする老後の生活レベル、目標とする貯蓄の目安などを書く

ライフスタイル（美容、健康、住まいなど）
住みたい場所や理想的な家、憧れる外見や内面などを書く

自分の楽しみ（旅行、レジャーなど）
行きたい旅行先や趣味、楽しみたいイベントなどを書く

暮らしの整え方編

② お金を使う理由と金額をリストで整理

右ページに書いた内容から、欲しいもの・やりたいことを
さらに具体的に書き、理由やかなえる期限などを書こう。

書き込み例

お金を使う理由と期限を決めて

欲しいもの&やりたいことを1度にかなえるのは難しい。それぞれの理由やかなえたい時期、費用をリストに書き込み、優先順位をつけてみると、着実に手に入れるための計画を効率良く立てられる。

コレ欲しい! コレやりたい!	欲しい理由、 やりたい理由
年1回、 ハワイ旅行に 行きたい	心が豊かになり、 リフレッシュ されるから
TOEIC800点を 目指す	仕事での強みになるから。グローバルな友人をつくりたい

欲しいもの・やりたいことリスト

コレ欲しい! コレやりたい!	欲しい理由、 やりたい理由	いつ かなえる?	いくら 必要?	優先順位 ランキング
			円	位
			円	位
			円	位
			円	位
			円	位

3 価値観＆優先順位を整理して お金のかけどころ、削りどころをチェック

出費を金額ではなく、自分にとっての"価値"として考えると、
優先順位がハッキリして、メリハリのあるお金の使い方に。

自分の価値観の優先順位を知りましょう

下の表のそれぞれの項目について、自分がどの程度共感できるかをチェック。「とてもそう思う」出費は、自分が価値を感じており、暮らしの満足度を高めてくれる"かけどころ"。逆に「全くそうは思わない」出費は、自分にとって価値が低い、"削りどころ"といえる。自由なお金を増やそうと、無理な我慢をしても続かないが、優先順位の低い出費なら楽に削れるはず。生活の満足度を下げずに、自由なお金を増やせる出費は何かを探すヒントに。

書き込み例

価値観＆優先順位の整理シート

価値観	とてもそう思う	そう思う	あまり思わない	全くそうは思わない
食費 家での食事を充実させたい				
多少お金がかかっても外でおいしいものを食べたい				
服飾・美容費 流行りのファッションは取り入れたい				
プチプラファッションより、好きなブランド服を買いたい				
美容は老後への自己投資				
交際費 人脈を増やしたい				
ワイワイ楽しめる飲み会が好き				
レジャー 定期的に旅行に行きたい				
お金がかかっても趣味や休日は充実させたい				
住まい 家賃は高くても利便性重視！				
お気に入りのインテリアに囲まれて暮らしたい				
スキルアップ 夢や目標をかなえるなら出費は惜しまない				
仕事の強みを伸ばしたい				
その他				

2

もっと賢く
お金を増やしたい!

貯蓄&投資で
資産づくり 編

貯蓄だけではお金は増えにくい時代。家計を整えてムダな支出をなくすことができたら、投資にチャレンジしてみては? 貯蓄&投資で総資産1000万円超えを達成した女子の24時間とともに、彼女たちのお金を増やす仕組みも紹介。憧れの資産1億円(!)女子の生の声もお伝えします。

総資産 1000万円超え女子の24時間

貯蓄＆投資で1000万円以上貯めている働き女子の貯め方＆使い方を徹底取材。総資産1億円超え女子も登場します！

CASE 1

逆境からコツコツ出直し女子代表

貯蓄＆投資総額 1048万円

年収200万円台 ひとり暮らし

花池夢子さん
(仮名・45歳)
職業 ➡ 小売・事務

DATA

🐷 毎月の積み立て額
　貯蓄 ……………… 1万7000円
　iDeCo ……………… 2万3000円
　投資信託 ………… 2万3000円

📅 手取り月収 **17**万円

📄 手取り年収 **205**万円

💰 資産 **1048**万円

資産 1048万円
- 貯蓄 850万円
- 個別株 160万円
- 投資信託 8万円
- iDeCo 30万円

投資先の破綻で大損！出直して再び1000万円到達

19歳で結婚、24歳で離婚し、息子を育てながら働いてコツコツ資産を増やしてきた花池夢子さん。職場の上司に勧められて興味を持った個別株投資を、2011年から始めた。10銘柄前後に投資し数万円利益が出れば売り、次の有望株を探す。投資の資金は売却益から捻出し、総資産の8割を占める貯蓄には決して手を付けない。

投資の上限額を決めているのは、出資していた和牛預託商法の会社が倒産し、全財産の約9割の1650万円を失った苦い経験があるから。株のこまめな利益確定と貯蓄で年100万〜150万円のペースで資産を増やし、再び100 0万円台に。「株主優待やポイント活用で、お金を減らさないことも意識しています」。

資産づくり編

お金が増える！　花池さんの24時間

HOLIDAY

10:00　実質無料で入手したマシンで朝のコーヒー

ポイントサイト経由で申し込んだ無料レンタルの「ドルチェ グスト」。カプセルの定期購入が一定数に達すると返却不要に。申し込み時にポイントも獲得。

無料レンタルでおいしいコーヒーを

12:00　月に1〜2回は彼とデート

服は質のいいものを選び、長く着る派。セールやポイントアップデーを狙い、お得に購入。デートは、彼との共通の趣味であるクラシックのコンサートへ。

デート服はオンワードのany SiS

買い物は高還元率のLINE Payカードで

クレジットカード選びの基準は、還元率1%以上。還元率2%のLINE Payカード（プリペイド式）をメインに、楽天カードとYahoo! JAPANカードをシーンによって使い分ける。

ポイント還元率2%

20:00　自宅で"ポイ活"と懸賞に励む

「去年は総額2万円分の懸賞に当選。獲得ポイントと当選品はノートで管理しています」。応募用のバーコードを冷蔵庫に貼ってためておく。

 冷蔵庫に大量のバーコード

 お菓子が当たった！

WEEKDAY

7:00　目覚まし代わりに『日経モーニングプラス』を視聴

起床時間に合わせてテレビのタイマーを設定。経済番組で世界の経済ニュースや株価の動きなどをチェックする。

8:00　朝食は株主優待の米と卵で簡単に。株価やメールチェック

朝食は株主優待の米と卵を使い、実質0円。ご飯はまとめて炊き、小分けにして冷凍保存。スマホで株価やお得情報のチェックも。

米はフクコ、たまごギフト券はイフジ産業の優待

10:00　身支度しながら英会話番組を視聴

英語学習は2年前から。ポータブルテレビで録画したNHKの英会話番組を見つつ出勤の支度。録りためた番組はSDカードに保存。

『おとなの基礎英語』（NHK出版）など

15:00　休憩時間に株価チェック

「ちょうど株式市場が終わる時間。株価をチェックしたり、ポイントサイトからのメールを見たりします」

20:30　閉店間際のスーパーで値引き品を購入

仕事帰りにスーパーに寄り、値引きされた総菜や刺し身などを購入。缶酎ハイを飲みながら夕食の仕度をする。

テレビを見つつ、財布の中身を整理

財布からその日のレシートを取り出し、残高が合っているかを必ず計算するのが習慣。

レシートと残額を照合

59

花池さんはこうして増やしてます！

1. 10種類の投資信託に "毎日"1000円ずつ自動積み立て

一昨年から投信積み立てをスタート。毎月ではなく、毎日1000円ずつの自動積み立てを行う。月単位より、より細かい時間分散投資を狙っての選択だという。「松井証券の『投信工房』アプリは、ロボアドバイザーが自分に合ったポートフォリオを組んでくれるので便利です」。

積み立てている主な投資信託

銘柄名	積立金額（積立期間）	評価額（総投資額に対する損益）
ひふみプラス（レオス・キャピタルワークス）	毎日700円（17年～）	6万1588円（+6988円）
ニッセイTOPIXインデックスファンド（ニッセイアセットマネジメント） 三井住友・DC新興国株式インデックスファンド（三井住友アセットマネジメント） たわらノーロード 先進国リート（アセットマネジメントOne）　など計9商品	9商品を一括で積み立て毎日300円（17年～）	2万4361円（+561円）

ロボアドバイザー提案のポートフォリオで購入

2. 個別株は数万円の利益が出たら売却。優待目当ての株は長期保有

「株式投資＝ギャンブル、怖いというイメージを持っていたけれど、やり方次第できちんと利益を出せると実感。欲張らず、数万円の利益が出たら売ります」。投資資金は、株で得た利益の範囲内と決めている。株主優待は、家計の節約にも。継続して保有すると優待内容がグレードアップするものは、長期で持つ。

優待狙いで保有している主な銘柄

銘柄名	保有株数（現在の評価額／現在の損益）	利用している優待内容
KDDI	100株（27万7650円／-1万4500円）	3000円分のカタログギフト
千趣会	100株（6万700円／-1万1400円）	1000円分の千趣会の買い物券を年に2回
オリックス	100株（22万1000円／+6万3851円）	米や肉などが選べるカタログギフト「ふるさと優待」の商品

3. ポイントサイトを徹底活用。100%以上還元を目指す

化粧品やサプリメントはポイントサイト経由で購入。メーカーにこだわらず、ポイントが100％還元される商品を狙う。貯めたポイントは「ドットマネー by Ameba」を経由してTポイントに等価交換。「ドラッグストア『ウエルシア薬局』では、毎月20日にTポイントで1.5倍相当額の買い物ができるので、5000pで7500円分買えます」。

よく利用している主なポイントサイトはこの5つ

1. ハピタス
2. ライフメディア
3. moppy
4. GetMoney!
5. ポイントインカム

花池さんのポイント交換テク

1. ポイントサイト経由で買い物 — 購入額の100％のポイント獲得
2. ポイント合算できる「ドットマネーby Ameba」で「ドットマネー」に交換
3. 使える店が多い「Tポイント」に交換

※評価額は、投資信託は2018年1月中旬時点、株式は1月23日時点

資産づくり編

1カ月の家計簿

住居費	5万3000円
水道・光熱費	1万円
通信費	6000円
食費（外食費除く）	1万2000円
外食費	0円
日用品代	2000円
服飾費	1万円
美容費	1000円
交際費	0円
新聞・図書代	0円
スキルアップ費	0円
趣味・レジャー費	0円
保険料	1万円
その他	3000円
貯蓄＆投資	6万3000円

「もともとムダ遣いすることがストレスになるタイプ」。ポイントや株主優待を利用し、できるだけ現金を使わない生活を実現。手取り17万円から6万3000円を貯蓄と投資に回す。週に1度、資産の残高のみをチェックし、家計簿はつけない。

ここはお金を使う！

年に1度のひとり旅を満喫

一昨年に息子が独立し、自分の時間が増えた。年1回、7万円の予算で2泊3日のひとり旅を楽しむ。一昨年は京都、昨年は広島へ。今年は伊勢に行く計画。

京都で舞妓体験
約¥9000

『まっぷる 京都へでかけよっ』（昭文社）など

ここは節約！

化粧品や健康食品は実質無料で入手

シャンプー＆リンス
¥0

ポイント還元率100%の化粧品や、株主優待を活用。身だしなみにはこだわるが、お金はかけない。「お得なものを探すのはゲーム感覚で楽しいです」。

美容クリームやサプリなど
¥0

食材は道の駅で安く購入！職場でもらうことも

地域柄、野菜などのもらい物が多く助かっている。自分で買うときは「道の駅」を利用。「不ぞろいなものもあるけれど、安くて新鮮です」。

野菜合計
¥460

FP横山光昭さん(→P.46)のアドバイス

ポートフォリオを自分で考えてみよう

「ポイントを徹底活用して、節約していますね。好きでなければここまではできないので、楽しんでいるのはいいことです。投資信託はロボアドバイザーを利用していますが、入門段階では自分で考えるのもいい勉強になりますよ」

61

CASE 2

貯蓄のみから投資デビューした女子代表

貯蓄&投資総額 1314万円

二階堂さや香さん
(仮名・30歳)
職業 ➡ 医療・看護師

年収400万円台 ひとり暮らし

DATA

毎月の積み立て額
- 貯蓄 10万円
- iDeCo 1万2000円

手取り月収 **30万円**
手取り年収 **460万円**
資産 **1314万円**

- iDeCo 14万円
- 資産 1314万円
- 貯蓄 1300万円

ざっくり家計管理で気負わず貯蓄 iDeCoも活用中

「働き始めて8年ほどで、自然に貯まりました」。そうさらりと答える二階堂さや香さんは、若干30歳で貯蓄1300万円。貯まる秘密は、"ざっくり"ながらもツボを押さえた家計管理と、無理と無駄のないお金の使い方にあった。

手取り月収の3分の1を先取り貯蓄し、残金の範囲内で生活する。費目ごとの厳密な予算は立てず、家計簿アプリで日々の支出をチェック。「欲しいモノがあれば、価格比較サイトで最安値を探し、ポイントアップを狙って買うのが習慣。交際費がかかった月は服を我慢するなど、支出を調整します」。

増えた資産の一部で、昨年からiDeCoを開始。「今後は投資の割合を増やしたい。つみたてNISAも始めたくて、勉強中です」。

62

資産づくり編

お金が増える！ 二階堂さんの**24時間**

HOLIDAY

14:00 夜勤明けは昼まで寝て、ジムで運動

「ジムではプールで泳ぐか、ヨガクラスに参加することが多いです。家ではシャワーしか浴びないので、広いお風呂につかるのも楽しみ」。ジム代は月額1万円ほど。

水泳後は、ジムのお風呂でくつろぐ

16:00 掃除はマルチに使える重曹やセスキ炭酸ソーダで

水回りなどの掃除は休日に。掃除する場所ごとに専用の洗剤を買うと高くつくので、汎用性の高いセスキや重曹を100均で買っている。

19:00 友人と食事や買い物へ 服は少しでも安く買う

「服は定価で買うことはまずなく、セールで買ったり、ポイントで安く買ったりします」。1枚でさまになるワンピースを選ぶようにしている。

IENAのセールで約8000円で購入

22:00 ラジオを聞きながらマネー本で勉強

ラジオで音楽を流しながら、投資などのマネー本やミステリー小説を、ゆったり読むのも楽しい時間。本は図書館で借りるか中古を購入。

『知らないと損する 池上彰のお金の学校』（池上彰著／朝日新書）、『全面改訂 ほったらかし投資術』（山崎 元、水瀬ケンイチ著／朝日新書）

WEEKDAY

7:30 自転車で10分の職場へ 通勤バッグは長く使えるロンシャン

コンパクトなトートで通勤。「合わせる服を選ばない点と、小さく畳めるので、収納が少ない自宅で場所を取らない点がお気に入り」。

ネットで約6000円で購入

12:00 ランチはお弁当を持参

「お弁当は保存容器に冷凍ご飯と冷凍食品、前日の夕食の残りなどをそのまま詰めて職場でチン。簡単です」。食材は主に低価格の業務スーパーで買い、食費を抑えている。

おかずの冷凍ハンバーグは30個入りで約300円

12:30 投資情報と英語のメルマガをチェック

昼食を取りつつ、投資の勉強になる記事や、英語学習サイト「Hapa英会話」の無料メルマガをスマホで読む。

無料の英語学習メルマガを愛読

19:00 レシートを財布から出し家計簿アプリに入力

夜勤がない日は、特に予定がなければ夕食は自炊。食材は週1〜2回まとめ買いする。レシートは必ずもらい、帰宅後、おカネレコに記録。「入力作業は簡単なので、数分で終わります」。

ポールスミスの財布はクレカのポイントで購入

63

二階堂さんはこうして増やしてます!

1 毎月10万円を先取り貯蓄 ネット銀行に自動積み立て

以前は、給与が入る都市銀行の普通預金で貯蓄していたが、昨年から住信SBIネット銀行に変えた。「SBI証券と連携する同行のSBIハイブリッド預金は、金利が0.01%と通常の10倍でお得です」。

月収 30万円（手取り） → 3分の1を自動積み立て → 先取り貯蓄 10万円（住信SBIネット銀行のSBIハイブリッド預金）

2 昨年iDeCoで投資デビュー。外国株インデックス型投信に挑戦

公務員である自分もiDeCoに加入できるようになった2017年に、投資信託の積み立てを開始。「今積み立てているのは、日本を除く主要先進国の株式に分散投資するタイプ。マネー本で、手数料が安く、優良な商品を調べました」。

iDeCoで毎月積み立てている投資信託

商品名（運用会社）	積立金額（積立期間）	評価額（総投資額に対する損益）
DCニッセイ 外国株式インデックス（ニッセイアセットマネジメント）	1万2000円（17年～）	14万2931円（+1万931円）

3 年会費無料のゴールドカードを徹底活用。普段の買い物でポイントを効率的に稼ぐ

「買い物は基本的にカード払いで、ポイントを貯めます。メインは『エポスゴールドカード』。還元率は基本0.5%ですが、対象ショップのなかからよく行く店を登録すると、そこでの還元率が最大3倍に！ ネットショッピングではポイントアップモールも活用しています」。そのほか、洋服の買い物用に「ルミネカード」、コンビニ用に電子マネー「nanaco」も併用中。

メインカード エポスゴールドカード

以前はエポスカードを使用していたが、招待が届き、年会費が永年無料のゴールド会員になった。「それでいて空港で専用ラウンジが使えたり、海外旅行傷害保険が自動付帯したりと、使える1枚です」。

サブカード ルミネカード

ルミネで5%オフ、定期券購入やSuicaへのチャージでポイントが3倍に。

ポイントカード nanaco

頻繁には使わないが、セブン-イレブンなどでの買い物用にスタンバイ。

4 家計簿アプリで過去と比較。使いすぎを緩く防止

お金を使ったら家計簿アプリ「おカネレコ」に記録。「出費が項目別にグラフ化されるほか、毎月の支出額が月ごとにグラフで表示されるので、使いすぎのチェックがしやすいです」。加えて、月の支出をエクセルでも備忘録として残している。

エクセルでも記録

※投資信託の評価額は、2018年1月中旬時点。

1カ月の家計簿

住居費	7万9000円
水道・光熱費	5500円
通信費	1万3000円
食費(外食費除く)	1万6000円
外食費	5000円
日用品代	2000円
服飾費	0〜1万円
美容費	5000〜1万円
交際費	1万〜3万円
新聞・図書代	0〜1000円
スキルアップ費	0〜1万円
趣味・レジャー費	1万〜2万円
保険料	2400円
貯蓄&投資	11万2000円

約19万円が毎月使えるお金の上限。使い切らない月も多く、残った分は貯蓄に回している。自炊が多いので食費・外食費は少なめ。日用品は100均活用で節約。家でシャワーしか使わないためにガス代が安く、水道・光熱費も抑えられている。

ここはお金を使う！

ミスチルのライブと海外旅行が楽しみ！

年1回は海外旅行。「時期を選びLCCなどで安く抑えますが、旅先では節約は気にしません。ミスチルのファン歴も長く、ツアーでは散財してしまいます」。

フィンランドへひとり旅
25万円

昨年は2都市で参戦

スキンケアはクレンジング重視

化粧品はプチプラ派だが、友人に勧められたクレンジングオイルとスチーマーにはお金をかける。ただし定価では買わず、ネットで最安値で購入。

パナソニックのスチーマー
約2万5000円

シュウウエムラのクレンジング
約9000円

ここは節約！

米はふるさと納税で。まとめて炊き1食ずつ冷凍

1万円の寄付で米10kgゲット

ふるさと納税は主に米がもらえる自治体に寄付。「おかげで去年はほぼ米代がかからず、かなり食費節約になりました」。お米は週1回5合をまとめて炊き、小分けして冷凍保存。

FP横山光昭さんのアドバイス

つみたてNISAで投資額をアップ！

「貯蓄が十分あるので、投資にもっと資産を振り分けてみましょう。今はiDeCoでインデックス型投信1本ですが、つみたてNISAを使って月々の投資額をアップして。年間40万円の非課税枠すべてを使い切るのも◎」。

CASE 3

育休中に家計を立て直し女子代表

貯蓄＆投資総額 1000万円

年収400万円台 夫と子供と3人暮らし

花山ゆか子さん
（仮名・31歳）
職業 ➡ 電機メーカー・SE

DATA

毎月の積み立て額
- 貯蓄 …………………… 6万円
- 財形貯蓄 ……………… 3万円
- 投資信託 ……………… 3万円
- 企業型確定拠出年金 …. 5400円

手取り月収 20万円

手取り年収 450万円

資産（自分名義） 1000万円

投資信託 3万円
企業型確定拠出年金 53万円
財形貯蓄 50万円
資産 1000万円
貯蓄 894万円

夫婦で生活習慣を大幅見直し投資も2人で勉強中

一昨年に出産した花山ゆか子さん。「夫婦2人の頃は忙しい、疲れたと言い訳し、毎月外食費に5万円近く使っていました」。

子供の教育費のためにもお金の勉強をしようと、夫とマネーセミナーを受講。夫婦別財布をやめて、貯蓄も生活費も一緒に管理することから始めた。「家計簿をつけて、ムダ遣いの多さに気づき猛省。外食費や保険料を大幅カットし、食費や日用品は週単位の予算でのやりくりにしたことで、貯蓄に回せるお金が劇的に増えました」。

現在は投資にも挑戦。家族3人でそれぞれNISA口座を開くなど、コストを抑えた運用を心がける。「今では投資と家計管理が夫婦共通の趣味。老後までに資産6000万円が目標です」。

66

資産づくり編

> お金が増える！ 花山さんの24時間

HOLIDAY

13:00 近所の業務スーパーへ。食材や日用品をまとめ買い

食費は週6500円以内でやりくり。「週末に家族3人で業務スーパーへ。1週間分の食材を買い込みます」。

週の予算 6500円

節約疲れ防止も大切

18:00 たまには家族そろって外食

平日は自炊する分、月に1〜2回、外食をして息抜き。「楽しく節約がモットーなので、外食代わりに家で焼き肉パーティーなどをすることも」。

20:00 1週間分のおかずをまとめて調理

ガス代も時間も節約

買ってきた食材は週末のうちに調理して、冷蔵庫に保存。「平日の食事準備がラクになり、食材もムダなく使い切れます」。

22:00 夫と相談をしながら家計簿に手書きで記入

アプリでの管理とは別に、1カ月の収支の内訳を一覧できる紙のシートを活用。「PCを開かなくても家計全体が見渡せて、夫とも共有しやすいです」。

夫自作のシートに書き込む

WEEKDAY

6:30 経済番組を見ながら朝食や夫の弁当準備

経済番組で株価や為替など、お金の動きをチェック。「これから流行りそうなサービスや元気な業界を知ると、投資のヒントになります」。

8:30 授乳や掃除を済ませFP2級の勉強

お金に強くなろうと夫婦でFP資格に挑戦中。「昨年3級に合格したので、今度は2級。職場復帰前に一発合格を目指します！」。

夫と一緒に受験予定

『FPの問題集 2級』（滝澤ななみ著／TAC出版）

13:00 子供の昼寝中にポイントサイトで稼ぐ

アンケートモニターでプチ稼ぎ。「"仕事"のつもりで時間を決め、集中！ 月2000〜3000円相当のクオカードなどをもらっています」。

15:00 手作りお菓子でおうちカフェタイム

冷凍パイシートで簡単調理

「お菓子作りが趣味。おいしいコーヒーを淹れてくつろぎます。カフェやコンビニ代の節約にも！」。

22:00 本やブログ、インスタでマネーに関する情報収集

投資の基本や最新情報について少しずつでも日々学ぶ。

『週刊東洋経済』（東洋経済新報社）、『ETFはこの7本を買いなさい』（朝倉智也／ダイヤモンド社）

花山さんは **こうして増やしてます!**

1. 産休を機に、家計簿を習慣化 外食費や保険料を大幅カット

家計簿をつけて、外食費と保険料の割合が高いと気づき、見直し。「病気になっても公的な保障があると知り、かけすぎていた保険を解約。必要な保障を共済の掛け捨てで補ったところ、保険料が10分の1になりました」。外食費はやみくもに使わず、予算を決めて、週末などにメリハリをつけて使うルールに。

外食費(世帯分) 以前 月5万円 → 現在 月1万円
保険料(世帯分) 以前 年間60万円 → 現在 年間6万円

2.「消費」「浪費」「投資」の割合を決め 週単位の予算で支出をコントロール

予算は週単位で決め、家計簿アプリ「マネーフォワード」と、夫が自作した紙の家計簿で管理する。出費はすべて、生活に必要な「消費」、未来につながる「投資」、ムダ遣いの「浪費」に分類し、浪費が5%未満になるよう意識。「インスタ投稿目的で入るカフェやスイーツは浪費、友人と交流を深めるためなら投資と、自分たちが納得できるお金の使い方に」。

花山さんが理想とする比率
消費 70% 浪費 5% 投資 25%

3. まとまった金額をETFで運用

夫のNISA口座ではETF(上場投資信託)で資産運用。「ETFは投資信託のように分散投資ができ、しかも一般的な投資信託より保有期間中の手数料が安いので、安値を狙い、まとめ買いしています」。

保有しているETF

商品名(運用会社)	評価額(総投資額に対する損益)
バンガード・トータル・ワールド・ストックETF(バンガード・インベストメンツ・ジャパン)	106万467円(+6万8349円)
バンガード・FTSE・エマージング・マーケッツETF(バンガード・インベストメンツ・ジャパン)	82万609円(+7万1884円)
MAXISトピックス上場投信(三菱UFJ国際投信)	42万4600円(+3万8060円)
iシェアーズ・コア S&P 小型株ETF(ブラックロック・ジャパン)	21万7805円(+1万5405円)

4.「老後資金」「教育資金」「住宅資金」と目的別に口座を分けて運用

老後資金は時間を味方につけられる投信積み立て、手堅く貯めたい教育資金は定期預金など、目的に合わせてお金の増やし方を選択。「少しでも有利に増やせるよう、運用の利益が非課税になるNISA口座は限度額まで活用します」。

老後資金
- 夫名義のNISA(ETF4商品)
- 妻名義のつみたてNISA(株式投信2商品)
- 企業型確定拠出年金(債券投信など7商品)
- 財形貯蓄

教育資金
- 子供名義のジュニアNISA(開始手続き中)
- 1年定期預金

住宅資金
- 3年定期預金

家族でNISA枠をフル活用

※ETFの評価額は、2018年1月24日時点。ドル建てのものは円換算した値。

1カ月の家計簿（自身の負担分）

住居費	0円
水道・光熱費	9000円
通信費	1万円
食費（外食費除く）	3万円
外食費	1万円
日用品代	5000円
服飾費	2000円
美容費	2000円
交際費	6000円
新聞・図書代	4000円
スキルアップ費	2000円
趣味・レジャー費	2000円
保険料	3600円
その他	0円
貯蓄＆投資	12万円

住居費は、老人ホームに入居した祖母の部屋を借りているので0円。「古い家のため、光熱費が上昇。先日、節水シャワーヘッドを使い始めました。食費は、最初は削り過ぎた節約ストレスで外食に走ってしまったので、疲れない程度の予算をキープ」。

ここはお金を使う！

年に数回は家族で旅行へ

旅行や家族のお祝い事の予算は貯蓄とは別に確保。「現地ではお金を気にせず、好きなことをして過ごしたい。使う楽しみを味わうことで、また貯めようと思えます」。

沖縄旅行　約10万円

ここは節約！

洋服はメルカリやネットのセール品狙い

赤ちゃんをすっぽり包んで着用できる、ダッカー付きママコートは、定価で買うと2万円以上の品。「使う期間は短いので中古で十分。メルカリで探し、シンプルなものを格安で買いました」。

メルカリで　¥4000

化粧品はコスパ重視でサンプルも活用

コスメは肌に合えばブランドにこだわらない。最近は試供品の化粧水や無印良品の乳液を。「日用品は特売日にまとめ買いして、出費を最小限に抑えます」。

無印良品の乳液　¥1300
試供品の資生堂のローション　¥0

FP横山光昭さんのアドバイス

家計管理は理想的。投資を増やす段階へ

「横山式の消費・浪費・投資の3分類家計管理もできており、90点！　ETFは投信積み立てよりやや上級者向けですが、手数料で優位です。貯蓄も十分にあるので、もう少し投資の割合を増やして、インフレに備えましょう」。

CASE 4

節約して貯蓄を増やす女子代表

貯蓄&投資総額 **1460万円**

年収400万円台 夫と2人暮らし

牧野貴子さん
(仮名・31歳)
職業 ➡ コンサルティング・事務

DATA

毎月の積み立て額
- 貯蓄 10万円
- 企業型確定拠出年金 5000円

手取り月収 26万円

手取り年収 400万円

資産(自分名義) 1460万円

資産 **1460万円**
- 個別株 20万円
- 企業型確定拠出年金 40万円
- 貯蓄 1400万円

ポイント稼ぎで得たギフト券で食費や日用品代を大きく節約!

6年前の転職で年収が100万円ダウンした牧野貴子さん。不要な飲み会は断る、自炊するなど、お金の使い方を根本から見直し。また、お金をなるべく使わずに暮らす方法を考え、スマホでできるポイントのプチ稼ぎに注目。ポイントサイトやアンケート回答などで毎月1万5000円相当分のポイントを稼ぎ、日用品や食材などの購入費を浮かせる。

3年前に結婚し、現在は月10万円の貯蓄をキープ中。貯蓄が1000万円を超えてからは、「勉強代」として20万円を予算に個別株にもチャレンジ。「少額から買える銘柄を選び、少しでも株価が上がったら売るのがマイルール。投資額も少しずつ増やして35歳までに2000万円貯めたいです」。

資産づくり編

お金が増える！ 牧野さんの24時間

HOLIDAY

10:00 カットモデルで美容院代を節約
カットモデル募集を探し、美容院代を浮かす。「コスメは、インスタやブログで商品をレポートするモニターでゲット！」。

ネットで探してカットモデルに！

12:00 月に一度は夫と高級店の贅沢ランチへ！
平日の食事は質素に済ませる分、週末は夫婦で外食することも。「記念日は高級店でちょっと贅沢に。ランチにすれば、コスパも良く大満足！」。

15:00 貯めたポイントはアマゾンギフト券にして服をお得にゲット！
各サイトで貯めたポイントは、ポイント交換サイト「PeX」でひとつにまとめ、アマゾンギフト券に交換。通勤服購入などに充てる。「服はアマゾンのセール期間を狙います」。

ワールドの「index」の服もアマゾンで

15:00 ブランドバッグは月4800円のレンタルを活用
バッグはレンタルアプリ「シェアル」で。「15日以上使ってから借り換えれば送料無料。ブランドバッグが気軽に使え、通勤や結婚式などのお呼ばれにも重宝しています」。

モニターになり、今は月額無料！

WEEKDAY

6:00 ニュースを見ながらiPadでポイント稼ぎ
「ECナビ」はニュース閲覧やバナークリックでもポイントが貯まる。「ニュースを見たり、朝食を食べたりしながら、何も考えずポイントを稼げます」。

7:20 通勤中もアンケート回答でポイント稼ぎ
必ず座れる通勤バスの移動中は、アンケート回答タイム。「設問数が少ないものを10個くらいこなします」。

12:00 ランチ代は1日平均800円を目安にメリハリ！
ランチは息抜きを兼ねて外食。「高い店と安い店をバランスよく使い、1日平均800円が予算。仕事のモチベーションを上げます」。

プチ贅沢ランチ1200円 　節約ランチ530円

15:00 顧客訪問時はチェックインアプリを活用
外出時は「imaココデ」アプリを起動。「通り道で寄れる店や、獲得できるポイントがないか確認。歩き回るので、運動不足も解消！」。

19:30 夕食は自炊が基本。大好きなお酒をひとり飲み
夫が遅い平日夜は納豆や豆腐、サラダなどヘルシーなつまみを自作。「ポイントで買ったお酒で晩酌をします」。

20:30 レシート撮影で簡単家計簿登録
レシートと商品のバーコードを読み取るとポイントが貯まるアプリ「CODE」を利用中。「支出がグラフ化されて便利」。

家計簿としても使える！

牧野さんはこうして増やしてます！

1 ネットでポイントを稼ぎ、月1万5000円分の商品券に！

通勤中などのすき間時間は、ポイントが得られるアプリやウェブサイトでプチ稼ぎ。アンケート回答や指定スポットへのチェックインなど、無理なく続けられるものを複数こなす。「1件ずつはわずかな報酬でも、毎日の習慣にすると月1万5000円相当のポイントに！ 達人のブログを見て、最新情報をチェックしています」。

利用中のポイントアプリ&サイト

imaココデ	駅や店など指定スポットでチェックイン。東京近郊のみ。
マクロミル	無料会員登録をし、メールで届くアンケートに回答する。
ECナビ	サイト経由での買い物やサービス利用でポイントが貯まる。

2 20万円を予算にして個別株の売買を勉強中！

個別株は3銘柄に20万円ほど投資中。「銘柄選びは、株投資の情報サイト『みんなの株式』を参考に。実際にやってみると勉強になる。少し上がったらすぐ売ってしまう小心者なので（笑）、今後はコツコツ配当や優待をもらって、楽しみながら保有し続けるスタイルを目指します」。

保有している主な銘柄

銘柄名	保有株数	評価額(元金)
キムラタン	600株	2万8200円(2万5600円)
新日本建物	400株	10万6000円(10万2800円)
プロパスト	400株	8万8800円(9万3200円)

3 100万円以上貯まったら利率の良いネット銀行の定期預金へ

毎月、給与振込口座に最低10万円は残るよう、家計をやりくり。100万円以上貯まったら、利率の良いネット銀行の定期預金に預け替える。「病気などで一時的に働けなくなるなど、不測の事態に備えたいので、普通預金には常に500万円をキープ」。

4 企業型確定拠出年金でコツコツ老後資金を増やす

企業型確定拠出年金で月々5000円ずつ積み立て。2000円は定期預金で、3000円は投資信託で運用中だ。「上限額は5万5000円なので、もっと金額を増やしたほうがトク。ただ、60歳まで引き出せないので、無理のない金額を積み立てています」。

企業型確定拠出年金で運用している商品

商品名(運用会社)	積立金額(毎月)	評価額(総投資額に対する損益)
野村日本債券ファンド(確定拠出年金向け)(野村アセットマネジメント)	1000円	9万8100円(+1200円)
朝日Nvestグローバル バリュー株オープン(朝日ライフアセットマネジメント)	1000円	5万3200円(+5200円)
SMTグローバルREITインデックス・オープン(三井住友トラスト・アセットマネジメント)	1000円	12万8100円(+2万9200円)
ろうきん確定拠出年金定期預金(ろうきん)	2000円	11万8700円(+0円)

※評価額は、投資信託は2018年1月中旬時点、株式は1月24日時点

資産づくり編

1カ月の家計簿（自身の負担分）

住居費	0円（夫が負担）
水道・光熱費	0円（夫が負担）
通信費	8000円
食費（外食費除く）	1万円
外食費	3万円
日用品代	2000円
服飾費	3000円
美容費	3000円
交際費	1万円
新聞・図書代	0円（夫が負担）
スキルアップ費	1000円
趣味・レジャー費	5000円
保険料	5万円（夫と合わせて）
お小遣い	5万円
その他	8000円
貯蓄	10万〜13万円

費目ごとに夫と分担して出費。貯蓄もそれぞれで管理しており、牧野さん自身で月10万円、ボーナスも全額貯蓄に回す。「人生を楽しみながらも、身の丈に合った贅沢を意識しています」。

ここはお金を使う！

時短家電や美顔ローラーは奮発

本当に欲しいモノ、必要なモノはケチらず購入。「高くても、長く使えて忙しい毎日をラクにしてくれるなら、元が取れます。美顔ローラーの『リファカラット』など、なかなか安くならないものは定価で買うことも」。

リファカラット 約2万4000円

シャープの掃除機 約5万円

ここは節約！

日用品＆化粧品は貯めたポイントでゲット

洗剤やシャンプーなどの消耗品は、ポイント交換でゲット！「化粧品や洗剤類は『@コスメ』で貯めたポイントを利用。お酒は、『スマポ』で貯めたポイントをビックカメラのポイントに交換して、購入資金にしています。日々の支出は極力節約！」。

ぜーんぶポイントでゲット♪

服や小物はネットで！コスパが高くてお得

通勤服は1着3000円以下で購入。「通販サイトGRL（グレイル）がお気に入り。人気モデルが着こなす新品の服が、1000円程度から買えます。やや若者向けですが、ベーシックなものを選べば失敗なし！」。

サンダル ¥690

FP横山光昭さんのアドバイス

もう少しリスク資産を増やしてみよう

「貯蓄が十分にあるので、つみたてNISAなどを使い、投資に回すお金を増やすのも手。企業型確定拠出年金は利率が低い定期預金より、投資信託がおすすめです。可能であれば、もう少し積立額を増やしてもいいでしょう」

CASE 5
株とメリハリ消費で資産形成する女子代表

貯蓄＆投資総額 2240万円

年収300万円台 実家暮らし

杉中 桜さん
（仮名・35歳）
職業 ➡ サービス・事務

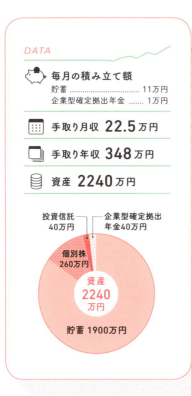

DATA
毎月の積み立て額
- 貯蓄 11万円
- 企業型確定拠出年金 1万円

手取り月収 22.5万円
手取り年収 348万円
資産 2240万円

- 投資信託 40万円
- 企業型確定拠出年金 40万円
- 個別株 260万円
- 貯蓄 1900万円
- 資産 2240万円

応援したい企業を探し、"ほったらかさない"株投資を

友人の影響で20代から資産形成を意識し始めた杉中桜さん。28歳でスターバックスコーヒージャパン（15年に上場廃止）の株を買い、投資デビュー。「スタバ株は3年で3倍になり、儲けました」。

銘柄を選ぶときは、自身が魅力を実感している身近な企業に狙いを定める。時には株主総会に足を運ぶことも。「株主と経営陣の質疑応答が面白いし、お土産をくれる企業もあります」。気になる銘柄は値動きを日々ウオッチ。優待目当ての銘柄を除き、利益が出たらこまめに売り、着実に資産を増やす。普段は家計を引き締めつつも年3回の旅行で散財し、服もコスメも安物は買わない。メリハリ消費で「1億円貯めて、50代で早期リタイアするのが夢です」。

資産づくり編

> お金が増える！ 杉中さんの**24時間**

HOLIDAY

11:00 本や雑誌は図書館で借りる。ルミネで5％オフで買うことも

投資やお金に関する本は図書館で借り、お金をかけずに勉強。雑誌は、ルミネ内の書店でルミネカードを使い、5％オフでお得に購入することが多い。

＼新品本が5％引きで買えるのは希少／

『ダイヤモンドZAi』（ダイヤモンド社）など

14:00 メルカリやヤフオクで服を売り買い

＼昨年は売却益が20万円に！／

服は人気ブランドの売れ筋を買い、ある程度着たら、シーズン中にメルカリなどで売却。「人気ブランドの完売品なら定価以上で売れることも」。旬の服を楽しみながら、服飾費を大幅に抑える。

19:00 月に1〜2回は友人と外食

たまの友人との外食では、節約を気にせずお金を使う。予算は5000円程度。ジョエル・ロブションなど高級店でランチのコースを楽しむことも。

21:00 週末におかずをまとめて調理

おかずは週末に大量に作り、自分と家族分の弁当に。「先日はホームベーカリーでピロシキを作り、家族にも好評でした」。

WEEKDAY

8:30 通勤電車内で資格の勉強と株価チェック

＼趣味の旅行関係の資格も取得した／

勉強して資格を取得すれば手当がつき、収入アップにも。株価と投資家ブログもチェック。

12:30 週の半分は弁当持参。外食時は500円以内で

週末に作り置きしたおかずを使って弁当を作る。この日はニンニク不使用の餃子入り。外食は、ひとりのときは500円以内に。

19:00 月に1〜2回はカフェでマンツーマン英会話

3年前から英会話をスタート。知人の講師に習っているため、1時間1000円の格安料金。TOEIC受験を目指す。

＼英会話は1時間1000円／

21:00 お得な懸賞を探してコツコツ応募

＼タリーズの水筒が当選／

懸賞が趣味でネットをメインに毎日コツコツ応募。香港旅行が当たったことも。よく利用するサイトは「懸賞生活」。

23:00 財布の中身を当日中に整理

「カード決済中心で現金をあまり持ち歩かないので、コンパクトな財布が好き」。レシートはその日のうちに取り出してゴミ箱へ。

＼財布は2つ折り派／

杉中さんは **こうして増やしてます！**

1 ムダ遣いしない生活で収入の50%を貯蓄に回す

職場に弁当や水筒を持参するなど、ムダ遣いを極力控えることで生活費を抑え、収入の50%を貯蓄に回す。「具体的な目標金額を決めることは、貯蓄のモチベーションアップにつながります。最初は年50万円を目標にスタートし、次は年100万円、年150万円と少しずつ目標を上げ、貯め癖をつけました」。

月収 22.5万円（手取り） → 生活費など 11万5000円 / 貯蓄 11万円

2 応援したい企業の株を中心に買い、こまめに利益確定。株主総会にも参加

自身が消費者として応援したい企業の株を中心に買う。JR九州は、復興支援の思いで購入した銘柄。数万円ほどの利益が出ればこまめに利益確定をする方針で、現在の保有株も大半は過去1年以内に買ったもの。株主総会にも参加するなど、積極的な姿勢で楽しむ。

保有している主な銘柄

銘柄名	保有株数	評価額（元金）
オリエンタルランド	100株	110万500円（74万1700円）
伊藤忠商事	100株	22万2300円（15万7200円）
九州旅客鉄道	100株	35万9000円（37万2300円）

> 株主優待で東京ディズニーランドの1日パスポート券をもらう予定

3 NISAで投資信託も開始。アクティブ型の日本株投信をまとめ買い

投資信託は一昨年末にNISA口座で開始。「投信は手数料が割高というネガティブなイメージがありましたが、アクティブ型投信のひふみプラスは運用成績がいいので購入しました。運用をプロに任せられるのはラク。今のところ順調に値上がりしているので買い増しを検討中」。

保有している主な銘柄

商品名（運用会社）	評価額（総投資額に対する損益）
ひふみプラス（レオス・キャピタルワークス）	11万9838円（＋3136円）

> 年間120万円まで非課税で運用可能なNISA枠が余っていたので、年末に駆け込み購入

4 カード類はシーン別に使い分けポイントを余さずゲット

少額でもカード払いにしてポイントを貯めている。ルミネカードは地元のルミネで、買い物が5％引きになる特典を利用。Suicaチャージや定期券購入ではポイントが1.5％還元に。アメリカン・エキスプレスのゴールドカードは年会費2万9000円だが、世界中の空港ラウンジが無料で使えるため、趣味の海外旅行を快適に楽しむために保有。

所有している主なクレジットカード

クレジットカード名	目当てにしている特典
ルミネカード	ルミネで常時5％オフ、年4回ほど10％オフ
アメリカン・エキスプレス・ゴールド・カード	空港ラウンジの無料利用
楽天カード	楽天ふるさと納税でポイント獲得
ミレニアムカード セゾン	誕生月にそごうで買い物すると、ポイントアップ

※評価額は、投資信託は2018年1月中旬時点、株式は1月24日時点

1カ月の家計簿

家に入れているお金	3万円
水道・光熱費(自分の負担分)	5000円
通信費	1万円
食費(外食費除く)	1万円
外食費	1万円
日用品代	0円
服飾費	1万7000円
美容費	5000円
交際費	5000円
新聞・図書代	0円
スキルアップ費	3000円
趣味・レジャー費	5000円
保険料	0円(年払いで60万円)
その他	5000円
貯蓄&投資	12万円

無駄遣いしないため、特に家計簿はつけず、月1回、口座残高をチェックするのみ。月の貯蓄11万円のほか、企業型確定拠出年金で金とREITの投信を組み合わせ、月1万円ずつ積み立てている。旅行などの大きな出費はボーナスで賄う。

ここはお金を使う!

年3回の旅行では買い物も楽しむ

洋服や靴は、旅行先で買うことも多い。「海外は安くてデザインのかわいいものが多い。交渉して、展示品をディスカウントしてもらうことも。靴はスペインで、水着はハワイで購入」。

旅行は年に海外1回、国内2回で
計60万円

ここは節約!

自炊が基本。"作り置き"に腕を振るう

実家暮らしだが、月に10日ほどは自分で買った食材で家族の分も作る。休日におかずを作り置きして冷蔵・冷凍保存し、夕食や弁当のおかずにする。「料理が好きなので、無理なく楽しみながら節約できています」。

スキンケアはデパコス派

化粧品は、肌に合うこだわりのブランドを愛用。年2回のセット販売の時期を狙ってお得に買う。メルマガに登録し、購入タイミングを逃さない。

IPSAのローションなどがセットで
約9000円

FP横山光昭さんのアドバイス

中級者以上ならアクティブな投資も"あり"

「初心者にはインデックス型投信など、低リスク・低コストの投信積み立てがおすすめですが、中上級者なら個別株やアクティブ型投信もあり。月収の半分を貯蓄と投資に回しつつ、趣味をしっかり楽しんでいるのが◎」

CASE 6

攻めの投資で資産を増やす女子代表

貯蓄&投資総額 **1億500万円**

年収500万円台 実家暮らし

佐藤美穂さん
(仮名・39歳)
職業 ➡ 医療関連・事務

DATA

毎月の積み立て額
- 貯蓄 1万円
- 財形貯蓄 4000円
- 投資信託 25万円
- iDeCo 1万2000円

手取り月収 **35万円**
手取り年収 **540万円**
資産(自分名義) **1億500万円**

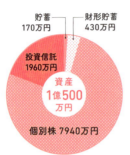

貯蓄 170万円
財形貯蓄 430万円
投資信託 1960万円
資産 1億500万円
個別株 7940万円

40代までは貯蓄より投資！ 老後までに2億円が目標

30代で資産運用に目覚めた佐藤美穂さん。「FPに勧められるがまま貯蓄型保険に600万円以上を一括払いしたものの、後で調べたら保険は手数料などが高く、貯蓄には不向きだと分かったんです」。お金に無知だと損をすると気づき、保険をすべて解約。440万円ほど失ったが、勉強代と割り切り、お金の増やし方を猛勉強。投資信託の積み立てから始めた。

2年前からは個別株にも挑戦。銘柄は投資ブログや雑誌で丹念にリサーチ。保有する株の価格が3倍になるなど大きく利益を伸ばし、39歳で資産1億円以上に。「今なら投資額がゼロになっても、まだ20年は働けるためリスクを取れるので、40代までは株式投資を継続。老後までに2億円が目標です！」。

資産づくり編

> お金が増える！

佐藤さんの24時間

HOLIDAY

10:00 ランニングやジム通いで体力づくり

土曜日は体を動かす日と決め、趣味のランニングでストレスを発散。「走ると頭が空っぽになってスッキリ！ 生活にメリハリがつき、投資にも前向きな気持ちを保てます」。

大会に出てフルマラソンを完走！

13:00 メルカリを使って服をお得にゲット！

「職場は制服があるので、私服は週末のランニングウエアが中心。服飾費を抑えるため、メルカリやヤフオクを活用。1000円以下で安く調達します！」

ヤフオクで300円
メルカリで800円

15:00 月初に前月分の支出を家計簿に記録

家計簿の記入は1カ月ごと。ためておいたレシートを見て費目ごとに支出を計算し、ムダ遣いがないかを確認。

レシートはA4用紙に貼ってファイリング

16:00 投資商品すべての評価額などを印刷してファイリング

毎月5日に、証券会社のウェブ画面から保有株や投資信託の運用状況をプリントアウトし、ファイリングしておく。「紙で取っておくと、過去の振り返りや確認がラクなんです」。

この1冊で投資状況がすべて分かる！

WEEKDAY

5:00 朝は早起きして読書でリラックス

朝は早起きするのが習慣。起きてすぐ、小説や漫画を読むことが多いそう。「特に漫画はリフレッシュに最適。投資額が目減りしているときも現実逃避でき、心が落ち着くんです」。

『キングダム 49巻』（原泰久著／集英社）

6:30 タブレットで投資ブロガーの記事をチェック

「人気投資家のブログは、おすすめの銘柄情報のほか、投資の考え方や心の持ち方も参考に。情報収集の仕方など、自分に足りない部分も見えてきます」

個別株や投資信託の参考ブログ
「バフェット太郎の秘密のポートフォリオ」「The Goal」「犬次郎株日誌」「梅屋敷商店街のランダム・ウォーカー」「カン・チュンドのインデックス投資のゴマはこう開け！」

19:00 夕食後、保有している主要銘柄の株価をチェック

平日チェックするのは、主要3銘柄の株価だけ。「株価の上下に一喜一憂しすぎると、失敗のもと。相場が悪いときはしばらく見ないことも」。

19:30 財布からレシートを抜き出して整理

お金を使った日は財布からレシートを抜き出して保管。レシートがないものはメモし、使途不明金が出ないよう工夫。

1日の終わりにすっきり！

20:00 優待でもらった洗顔料で肌ケア

「RIZAPグループの株主優待は、健康食品や美容グッズなど、欲しいものを選べる。美容費がかかりません！」

どろあわわも優待でゲット！

佐藤さんは**こうして増やしてます！**

1 2年前から始めた個別株の含み益が4000万円以上に！

株式投資は下記の3つを主要銘柄に、全15銘柄を保有中。「業績が良く、保有資産が多い割に株価が安い銘柄（割安株）をリサーチして購入。株価が一次的に下がっても、不祥事などがない限りは長期保有が基本です。RIZAPグループは、予想以上の成果が出てラッキーでした！」。

個別株を買う前に必ずチェック！
- ☑ 経営者の考え、人柄
- ☑ 中期経営計画
- ☑ 決算発表資料

重視するのは経営者の思いと、その思いが業績に表れているかどうか。「経営計画が決算時にきちんと達成されているかを見ます」。

保有している主な銘柄

銘柄	保有株数	評価額（元金）
RIZAPグループ	2万3600株	4543万円（1029万400円）
堀田丸正	3万2200株	1407万1400円（609万8600円）
オプティム	3900株	1048万3200円（1021万8000円）

全15保有銘柄で配当金は年間約53万円！

2 入社時から15年間、コツコツ財形貯蓄で積み立て

財形貯蓄は月4000円ずつ積み立て中。「入社から35歳までは月3万円ずつ積み立てていましたが、貯蓄総額の上限があるため金額を下げました。利率はいまいちですが、長年続けてきたことでまとまった金額に！」。

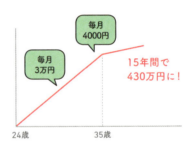

毎月3万円 → 毎月4000円　15年間で430万円に！（24歳〜35歳）

3 投信積み立てで世界に分散投資し、リスクを抑える

「利率のいい定期預金」の感覚で、投資信託を毎月25万円分、積み立てる。「こだわりの日本株投信と、手数料が安く、リスクの低いインデックス投信などを。大きく値下がりしてもマイナス30％以内になるよう、日本を含めた世界の株に分散投資！」。

毎月積み立てている投資信託

商品名（運用会社）	積立金額（毎月）	評価額（総投資額に対する損益）
ひふみ投信（レオス・キャピタルワークス）	7万円（12年〜）	764万647円（+307万647円）
コモンズ30ファンド（コモンズ投信）	3万円（14年〜）	165万5627円（+34万7145円）
結い2101（鎌倉投信）	1万円（12年〜）	319万32円（+67万8742円）
セゾン・バンガード・グローバルバランスファンド（セゾン投信）	1万円（12年〜）	143万1917円（+27万6917円）
セゾン資産形成の達人ファンド（セゾン投信）	1万円（12年〜）	252万3227円（+67万5227円）
ニッセイ外国株式インデックスファンド（ニッセイアセットマネジメント）	6万円（16年〜）	197万8269円（+35万8182円）
eMAXIS 新興国株式インデックス（三菱UFJ国際投信）	6万円（16年〜）	120万8381円（+23万8335円）

※評価額は、投資信託は2017年12月初旬時点、株式は2018年1月24日時点。投信の積立金額は、購入開始時から変更

資産づくり編

1ヵ月の家計簿

家に入れているお金	3万円（食費含む）
通信費	1500円
日用品代	500円
服飾費	1000円
美容費	0円
交際費	3000円
新聞・図書代（スキルアップ費含む）	5000円
趣味・レジャー費	3万円
保険料	5000円
お小遣い	1万円（外食費含む）
貯蓄＆投資	26万4000円

生活費として実家に3万円払い、収入の75%を貯蓄＆投資に。支出はカード払いが基本。すべての買い物が1%オフになる「P-oneカード」を愛用中。趣味の3万円はランニング・ジム費として使う。

ここはお金を使う！
旅行がてら全国のマラソン大会へ
2ヵ月に1度はマラソン大会へ。「遠征費用は惜しまずに出し、思い切り楽しみます。先日は京都マラソンに出場しました」。

ここは節約！
ガラケーだから携帯代は月1500円！
「ネットはタブレットで見るため、ガラケーで十分。基本料のみで、携帯電話代は1500円程度で済みます」

資産1億円超えまでの道のり

22歳　就職氷河期で就職活動に失敗。正社員雇用にならず、右往左往。
貯蓄　約180万円

24〜32歳　念願の正社員に！ 月3万円を財形貯蓄で積み立て。ボーナスは全額貯蓄に回すなど、着実にお金を貯める。
貯蓄　1200万円

32歳　FPに勧められるがまま貯蓄型保険に加入。合計600万円以上を一時払いしたが、お金の勉強をするうちに無知だった自分に気づき、すべて解約。「返戻金は160万円ほどでした」。
貯蓄　760万円　440万円マイナス

33〜37歳　失敗を糧にお金について猛勉強し、少額から投信積み立てを開始。現在は、月25万円ずつ積み立てる。
貯蓄＆投資額　3100万円

39歳　37歳のとき個別株投資をスタート。保有銘柄の評価額がどんどん上がり、個別株だけで評価額は9000万円以上に！
貯蓄＆投資額　1億500万円

FP横山光昭さんのアドバイス

個別株はリスクも高いので要注意
「1億円突破はすごいですね。ただし、1つの銘柄に対する投資額が多いのが気になります。個別株投資はハイリスク・ハイリターンなので、注意が必要。相場はプロでも読めないので、『2割上がったら売る』などと決めておくと◎」

「1000万円はいつ貯まる?」

月々の貯蓄額別シミュレーションも！

お金が勝手に貯まりだす しくみのつくり方

この人に聞きました

ファイナンシャル・ジャーナリスト
竹川美奈子さん

出版社や新聞社勤務を経て独立。執筆活動やセミナー講師を通して、投資信託やiDeCoを活用した資産づくりをアドバイス。

ストレスなくラク〜にお金を貯めるのに必要なのは、自動的に貯まる＆増える仕組みづくり。資産を1000万円以上増やしたい人、必見です！

STEP 1

年間いくら稼いでいるか、貯められているかを確認！

Let's "見える化"！

まずは、自分の家計を"見える化"することから始めよう。「手取り年収や年間の支出、貯蓄額を把握し、お金がしっかり貯められているか確認を。貯蓄額が少なければ、支出を見直してムダな出費を減らし、貯蓄＆投資に回せる金額を増やしましょう」(竹川さん)。

手取り年収が分からない人は「源泉徴収票」をチェック！

収入は「額面」ではなく、税金などを差し引いた「手取り額」で把握を。年末か1月に勤務先からもらえる「源泉徴収票」を確認すれば、簡単に分かる。手取り年収の計算方法は下記をチェック！

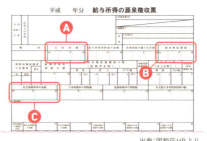

出典:国税庁HPより

A 額面の収入
支払金額

― B 勤務先に引かれた所得税額
源泉徴収税額

― C 厚生年金保険料や健康保険料など
社会保険料等の金額

― 給与明細などで1年分を計算
住民税

＝ **手取り年収**

82

資産づくり編

一度仕組みをつくれば誰でも簡単に貯められる!

人生100年時代といわれる今、お金を賢く貯める、増やすことは「働き方、生き方の選択肢を増やす」と、ファイナンシャル・ジャーナリストの竹川美奈子さん。「長い老後に備えることはもちろん、やりたいことができたとき、それを達成するための手段として、まとまったお金は必要。毎月コツコツ資産を貯めたり、増やしたりすることが、未来のハッピーにつながります」。

そのためにやりたいのが、お金が自動的に貯まる仕組みをつくること。「給料日に先取り貯蓄し、そのお金は"なかったもの"としてやりくりするのが鉄則」。また、金利が低く、預金では お金が増えない今だからこそ、「投資も必要」。「おすすめは、投資信託の積み立て。貯蓄と同様、一度仕組みをつくれば、ほったらかしでOK。誰でも簡単にコツコツ投資が可能です。長期で積み立てることでリスクを抑えつつ、預金よりも大きく増やすことが可能になります」。

総資産額が分からない人は
持っているお金を書き出す

銀行口座や証券口座を複数持っている場合、金融機関ごとに残高を書き出して一覧表にすると、総資産を把握しやすい。普通預金、定期預金など、金融商品を分けて書き出して。

金融機関	金額	内訳
M銀行	120万円	普通預金 30万円 定期預金 90万円
S銀行	60万円	普通預金 60万円
R証券	30万円	投資信託 30万円

借金がある人は
それも書き出す
- 住宅、車、教育などのローン残高
- エステや家電などの分割払い残高
- カードのキャッシング、リボ払い残高

年間の貯蓄額が分からない人は
1年前の残高をチェック!

上記で書き出した金融機関ごとに、通帳や明細を見て1年前の残高を確認。現在の残高との差額を出せば、年間の貯蓄額が判明。「貯蓄額が年間で増えていればOKですが、ほとんど増えていないか減っている人は、お金の使い方の見直しが必要です」。

金融機関	2019年 1月末残高	2018年 1月末残高	1年の 貯蓄額
M銀行	200万円	110万円	90万円

貯められない
女子必見!

お金遣いの"地雷"をチェック!

「貯まらない人は、趣味や習い事などの自己投資、服、旅行など、お金を使ってしまいがちな費目="地雷"があるはず。本当に必要な出費か見極めて」

- ☑ 不要不急のタクシー
- ☑ 服の衝動買い
- ☑ 習い事など過剰な自己投資
- ☑ コンビニでのちょこちょこ買い etc.

「生活費」「プール口座」「貯蓄」「投資」の4つのポケットをつくる

STEP 2

② プール口座（年間予算）
帰省や旅行、固定資産税など、その年に使う予定のお金を予算化して取り分けておく口座。ボーナス時にまとまったお金を入れておくのが◎。

① 生活費
給与振込口座を利用。食費、家賃、水道・光熱費、携帯電話代、クレジットカードの利用料金引き落としなど、生活費の支出を集約させると、何にいくら使ったか把握しやすい。

4つのポケット実践例 — **シングル**の場合

貯蓄用ポケットは「先取りで貯める」が基本！

給料日に自動的に積立貯蓄できるよう、財形貯蓄か自動積立定期預金口座を利用して。「投資も自動積み立てを設定。残ったお金で上手にやりくりする習慣をつけましょう」。

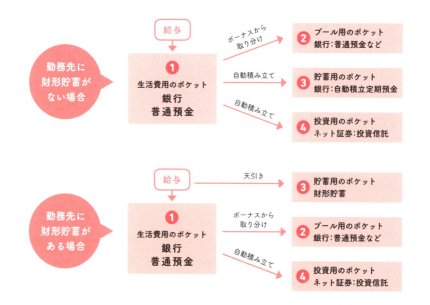

資産づくり編

「時間がない」「面倒」という人でも、自動的に貯まる&増える仕組みをつくってしまえば、無理なく貯蓄が続けられる。具体的には、口座を4つに分けて管理するだけ。すぐにできるので、今すぐ下記をチェックして!

❹ 投資
貯蓄用口座にある程度お金が貯まったら、証券口座を開いて投資用のポケットを準備しよう。「投資信託の積み立てがおすすめです」。

❸ 貯蓄
勤務先の財形貯蓄や、銀行の自動積立定期預金の口座を使い、給料日に自動的に先取り貯蓄できる仕組みをつくる。病気の備えや結婚、住宅購入の頭金などで使うお金を貯めよう。

4つのポケット実践例　既婚の場合

生活費用のポケットは夫婦でまとめて1つに!

夫婦は世帯で仕組み化を。「どちらかの名義で生活費とプール用の口座を作り、各々の給与振込口座から貯蓄&投資額を差し引いたお金をイン。貯蓄状況は定期的に共有を」。

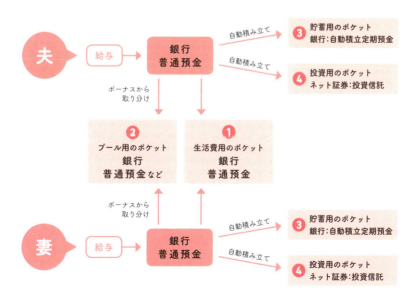

(出典:『とってもやさしいお金のふやし方』(竹川美奈子著/朝日新聞出版))

STEP 3

「投資」のポケットは月々100円から できる投資信託の積み立てを！

「投資のポケット＝証券口座を開いたら、おすすめは『投資信託の積み立て』。月100円からと少額から始められること、コストが安く、低リスクで運用できることが魅力です」。投資で得た利益が非課税になるつみたてNISAやiDeCoを利用するのも◎。

「積み立て」で買うってどういうこと？

毎月、あらかじめ設定した
金額分を自動的に買いつけ！

積み立て購入とは、毎月一定額ずつ投資信託を買いつけていくこと。価格が低いときは買える口数が多く、高いときは少なくなる（下図）。価格が低いときにたくさんの口数が買えると、値上がりしたときの利益が大きくなるのもメリット。「自動積み立て」にすれば、金融機関が毎月決まった金額で投資信託を自動で買いつけてくれる。

『臆病な人でもうまくいく投資法』（竹川美奈子著／プレジデント社）を参考に作成

資産づくり編

> 投資信託って何？

投資家から集めたお金を
プロが運用してくれる商品

投資信託とは、投信を購入した人から集めたお金を、運用のプロがまとめて世界中の株や債券などで運用する金融商品のこと。少額で複数の投資先に分散できる。一括で購入するほか、毎月一定額を積み立てていく方法もあるが、働き女子には後者の「積み立て購入」がおすすめ！

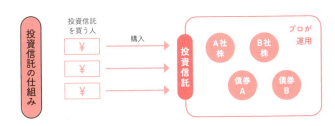

> いくら投資に回せばいい？

手取り月収の2割のうち
半分を貯蓄、半分を投資に！

1カ月の貯蓄＆投資額の目安は、手取り月収の2割が基本。「そのうち半分を貯蓄に、半分を投資に回すのが理想です。貯蓄額が少ない人は、投資の割合をもっと小さくし、貯蓄に回すお金を増やしましょう。手取り月収が高い、実家暮らし、共働きなど、家計に余裕がある人は、貯蓄＆投資の割合は月収の3割以上を目安に。投資の割合を増やすのも◎」。

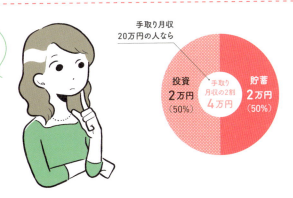

87

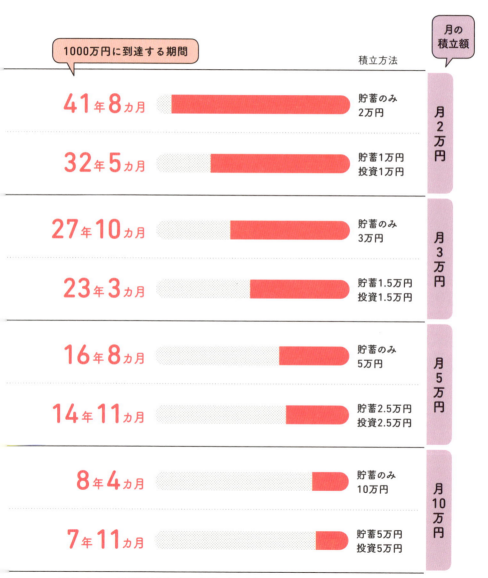

資産づくり編

貯蓄＆投資を続けるコツ

月々の貯蓄＆投資の積立額別に、1000万円貯まるまでの期間を試算！貯蓄のみの場合と、貯蓄＆投資する場合では、到達期間が大きく異なることが判明。少額でも長期的にコツコツ投資を続けることが、1000万円超えの近道に！

1 赤字家計を改善する

たとえ定期預金で貯まる仕組みをつくっても、家計が赤字だと貯蓄を切り崩してしまうことが多く、お金は増えない。「1カ月だけでもレシートを貯めておき、何にお金を使っているか確認。家計改善に努めて」。カードのリボ払いなど負債があれば完済を！

2 無理のない金額を設定

貯蓄＆投資に回す金額を高めに設定しすぎると、一気に節約モードになりすぎてしまう。ストレスがたまり、挫折の原因に。「最初は"必ずできる額"から始めて。お金の使い方を見直しながら、浮かせたお金で少しずつ貯蓄＆投資額を増やしていくのが◎」。

3 投資は少額からスタートでOK

投信の積み立ては、長期で運用すればするほど複利効果でお金が増えやすい。余裕資金がなくても、少額から始めて時間を味方につけよう。「今はまとまったお金がなくても資産運用できる時代。月3000円程度を投信積み立てに回すことから始めてみて」。

	貯蓄が100万円ある人は	貯蓄が300万円ある人は	貯蓄が500万円ある人は
	37年6カ月	29年2カ月	20年10カ月
	29年10カ月	24年3カ月	18年2カ月
	25年	19年6カ月	13年11カ月
	21年3カ月	17年1カ月	12年8カ月
	15年	11年8カ月	8年4カ月
	13年7カ月	10年9カ月	7年10カ月
	7年6カ月	5年10カ月	4年2カ月
	7年2カ月	5年7カ月	4年1カ月

働き女子のなかでも、投資信託や個別株などに投資する人は年々増加中！「目的は？」「きっかけは？」「投資歴は？」etc. 誌上初、投資女子2000人アンケートの結果を詳しくレポートします。

投資女子2000人アンケートで分かった！
賢くお金を増やす女子リアル白書

きっかけは「身近な人」のすすめ

投資を始めたきっかけは「家族や友人・知人からすすめられた」という声が最も多く、「超低金利で貯蓄だけでは不安だから」という意見も目立った。「日経WOMANの投資の記事を読み、本などで勉強して始めた」人も！

- 友人・知人から影響を受けた
- 家族がやっていた
- 定期預金の金利が低いから
- 投資の本を読んだ
- 金融機関ですすめられた

投資女子のプロフィール

PROFILE

平均年齢 ➡	40歳
平均手取り月収 ➡	24万円
平均手取り年収 ➡	416万円

投資の目的は「老後のため」が65％

老後に備え資産形成したいという働き女子は多いが、投資目的も「老後資金」がダントツ1位に。次いで、「投資の勉強」という回答が多かった。投資を実践しながらマネーリテラシーを磨いていく積極的な姿勢がうかがえる。

投資をする目的は？（複数回答）

- 1位 老後資金 65.2％
- 2位 投資の勉強 45.0％
- 3位 値上がり期待 41.6％
- 4位 将来の必要資金 19.5％（住宅・教育費以外）
- 5位 子供の教育資金 14.0％

半数以上の人が投資を始めて3年未満

少額から積み立てで投資ができるなど、初心者で自己資金が少なくても投資を始めやすい時代に。アンケートでも、投資歴3年未満の人が半数以上だった。

投資歴は何年？

- 無回答 1.2％
- 1年未満 30.3％
- 1〜3年未満 24.7％
- 3〜5年未満 11.5％
- 5〜10年未満 13.3％
- 10年以上 19.0％

資産づくり編

NISAやiDeCo、利用してます！

投資は利益が出ると約20％の税金がかかるが、それが非課税になるのが、NISAやつみたてNISA、iDeCo。とてもお得な制度なので、まだ使っていない人はチェック！

使っている制度は？（複数回答）

NISA **66.5**%
つみたてNISA **14.4**%*
iDeCo **31.3**%

＊口座開設した人

7割が投資でお金が増えている！

18年1月に日経平均株価が2万4000円を超えるなど、株式市況は上昇傾向が続いてきた。投資女子たちもその波に乗り、投資でお金が「増えた」人は7割以上も。うち、元本の「10〜30％未満」増えている人が39％も！

投資でお金は増えた？

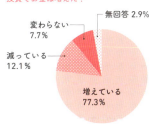

無回答 2.9%
変わらない 7.7%
減っている 12.1%
増えている 77.3%

投資元本に対し、どれくらい増えてる？

10％未満 **43.5**%
10〜30％未満 **39.5**%

投資女子の3割が貯蓄300万円未満！

余裕資金がないと投資は始められないと思っている人も少なくないが、実際は貯蓄100万円未満の人が13％、100万〜300万円未満の人が23％も。貯蓄と並行して少額から投資を始める人も増えている！

現在の貯蓄額は？

100万円未満 13.2%
100万〜300万円未満 23.0%
300万〜500万円未満 15.6%
500万〜700万円未満 10.9%
700万〜1000万円未満 8.2%
1000万〜1500万円未満 8.0%
1500万円以上 15.3%
分からない 5.8%

投資女子だって、元本割れはやっぱり怖い！

投資は元本割れするリスクがあるが、投資女子たちの「元本割れ」に対する許容度は低め。100万円の投信が元本割れした場合、「−10万円未満」「−10万円」「−20万円」までなら耐えられると答えた人が約20％ずつに。

100万円の投資信託を持っていた場合元本割れはマイナスいくらまで耐えられる？

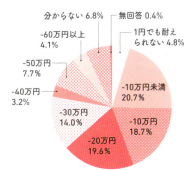

分からない 6.8%　無回答 0.4%
−60万円以上 4.1%
1円でも耐えられない 4.8%
−50万円 7.7%
−40万円 3.2%
−10万円未満 20.7%
−30万円 14.0%
−10万円 18.7%
−20万円 19.6%

アンケート概要：2017年11〜12月、日経WOMAN公式サイト上で実施。楽天証券、SBI証券、マネックス証券のHP、メルマガでも告知した。その結果、2228人（平均年齢40.8歳）から回答を得た。うち「現在、投資をしている人」1933人の回答を基に分析した。

「投資してよかった」
と思っている人は77％

失敗することがあっても、「お金について勉強するきっかけになった」「預金よりお金が増えた」「株主優待がもらえてうれしい」「政治や経済に興味が持てるようになった」など、8割近くの人が「投資してよかった」と実感！

これまで「投資をしてよかった」と思ったことはある？

無回答 6.6％
いいえ 15.9％
はい 77.5％

> 経済の動きに敏感になり、興味関心がアップ！
> （35歳・メーカー・SE）

> 配当がもらえたり、株価が上がったりすると単純にうれしい。
> （44歳・医療関係・看護師）

> 預金より着実に増えている。
> （29歳・情報・ユーザーサポート）

> 社会貢献度の高い企業に投資する投資信託を買っているので、自分の投資が社会の役に立っていると思うと満足。
> （39歳・通信・経理）

56％の人が
積立投資してます！

毎月一定額を積み立てる投資をしている人は、投資女子全体の56％。日本株か海外株のインデックス型投信、バランス型投信を積み立て購入している人が多かった。リスクや手数料を抑えた長期的な運用が人気。

毎月定期的に積立投資してる？

していない 43.4％
している 56.6％

毎月の積立投資額は？

手取り月収の10％未満 ..... 63.5％
（金額で見ると、6割が月3万円未満）

積立投資で買っている商品は？

1位 .... 日本株インデックス型投資信託
2位 .... バランス型投資信託
3位 .... 海外株インデックス型投資信託

情報収集は46％が
「毎日している」

投資女子の半数近くが、情報収集を「毎日している」と回答。テレビやウェブのニュースなどで株価や為替をチェックしている人が多く、マネー雑誌や経済ニュース番組などが人気。

定期的にチェックしているのは？　（複数回答）

1位　日経平均株価などの株価指標 .... 62.5％
2位　保有銘柄の株価 .... 57.2％
3位　ドル、ユーロなど主な為替の動き .... 39.4％

投資女子に人気の情報収集源

雑誌
・日経マネー（日経BP）
・ダイヤモンド ZAi（ダイヤモンド社）

ウェブサイト
・利用中の証券会社のHP
・Yahoo! ファイナンス

テレビ番組
・News モーニングサテライト（テレビ東京系）
・ワールドビジネスサテライト（テレビ東京系）

3

モノを厳選すれば
出費が減る！

お金が貯まる
片づけ術 編

お金が貯まるヒケツはスッキリした部屋作りに
あり⁉ 部屋を整えて生活習慣を変え、お金が
貯まる仕組みを生み出した貯蓄賢人4人の生活
をレポート。リビング、キッチン、クローゼット
……暮らしの至るところに"貯まる"ヒントが
ざっくざく。自分の生活と照らし合わせて、今
日から取り入れてみて！

貯めている女子の スッキリ部屋を 大公開！

モノがあふれた部屋は「どこに何があるか」が分からず、ムダ買いをしがち。ドキッとした人は、住まいを整えて「お金の流れ」も良くなった人をお手本にしてみて！

人気インスタグラマー&メーカー事務の「家もお金も整う暮らし」拝見！

モノの居場所を決めるだけで月収の2割貯蓄を実現

インスタグラマー
suzu1985さん

@suzu1985

インスタグラムのLIVE配信では断捨離や、つみたてNISAについて発信。暮らしに役立つ情報サイト「すず.jp」も運営中！取材時は夫と息子と3人暮らし。

戻す場所に悩みません！

「汚部屋暮らしで、ムダ買いも多かった」と言うsuzu1985さん。"持たない暮らし"を実践するゆるりまいさん、近藤麻理恵さんらの住まいに関する本を読み、「家にあるモノすべてにときめく生活」を目指して片づけを開始。たどり着いたマイルールは「モノの居場所を決める」こと。まな板も歯ブラシも1つずつ置き場をつくることで、「一番のストレスだった"どこに戻すかを考える作業"が激減しました」。日々出し入れして煩雑になりがちな冷蔵庫の中も、朝食セット、中華料理など、用途別にケースに分けるほどの徹底ぶり。バスタオルをフェイスタオルで代用するなど、モノを減らす工夫も。「夫と自分の月収の2割は無理なく貯められるようになりました」。

※情報は2017年12月号取材時のもの

94

片づけ術編

> suzu1985さんの

貯まる3つの片づけのルール

ラグはイケアで1800円、ダイニングテーブルもイケアで5万円で購入。

@ LIVING

RULE 3
モノは動線上に置くことでムダ買いナシ

無印良品の布ボックスにパジャマや部屋着を収納。「部屋で脱ぎ散らかすことなく、着替えるときに探す手間も省けます」。

RULE 2
白と木目のシンプルインテリアでお金をかけずスッキリ

"無印良品風"の部屋が好きなので、家具は白と木目で統一。低価格のイケアやニトリでも、アイテムをそろえやすい。

RULE 1
床置き&テーブル置きNG！モノを最小限に

テーブルの上もスッキリ

「面積の大きい床やテーブルにモノが散乱すると、部屋が乱雑な印象に。出したら片づけ、リセットしてから就寝します」

"貯まる"片づけアイテム

床を傷つけず長持ちさせるイケアの保護シール

椅子やテーブル、テレビ台など床置きする家具に、イケアの「粘着式フロアプロテクター」を貼り、傷を防止。20枚セットで39円。

生活費と小遣いを仕分ける札入れ、小銭入れが2室ずつの長財布

「以前は生活費と自分用の財布を2個持ちしていましたが、管理が大変でした。ポケットの多いダコタのお財布を見つけて問題解決！」

開くと

95

@ KITCHEN

100均グッズで収納場所を生み出す

冷蔵庫の中もダイソーのケースで分ける
ギュウギュウ詰めの食品をジャンルごとに仕分け。「ダイソーの取っ手つきカゴは、上段奥のものもサッと取り出せて便利」。

BEFORE

AFTER

さっと取り出せる

ダイソーのクリップで壁面に置き場作り
まな板はマグネットクリップに立てかけて収納。キッチンが広く使え、拭き掃除も簡単にできて一石二鳥。

在庫を把握、ムダ買いゼロに

EVAケースのラベル入り収納で乾物ストックを管理
乾物類は箱から出し、無印良品の「EVAケース」にIN。100均のカゴに立てて収納すると、在庫が一目瞭然。

ピータッチで簡単ラベル作成

「自分でラベルが作れるブラザーのピータッチは必需品」

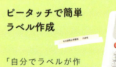

兼用アイテムでモノを増やさない

3時間温め不要！保温保冷マグ
真空断熱で温度を保つアスベルのマグカップ。「約2杯分の量なので、何度もお湯を沸かす手間や光熱費をカット」。

セスキ、クエン酸、重曹で1カ月8円掃除
100均で買った重曹類は無印良品のボトルに詰め替える。「家中の汚れを落とせて、専用洗剤が不要に！」。

セスキ、重曹、クエン酸を無印良品のボトルに入れて、フリーソフトのラベルをペタリ

96

片づけ術編

@ CLOSET　色とシルエットはマイ定番のみ

客観的意見を聞いてから買う

洋服はグレー、紺、黒などの基本色でコーディネート。「第三者の意見を取り入れて、似合うものだけ購入」。

ビームスで8000円で購入

メルカリでGUのスカートを1100円でゲット

@ BATHROOM　ストックは持たず、使うものだけ

ネックレス、歯ブラシ…すべて"居場所"をつくる

鏡裏の収納も機能的に。歯ブラシは無印良品のスタンドに、アクセサリーはクリップにつるして収納。

鏡裏を歯ブラシ置き場に

アクセはメイク道具と一緒に

@ LIVING　長く使えてお値打ち

"出しっぱ"OKの高級ワイパー&はたき

「木製ワイパーと羊毛のはたきはオシャレで、100均より長持ち。常に出しておくことで掃除も進みます」

6000円で買ったtidyの木製ワイパー

1296円で買ったMi Woolliesの羊毛ダスター

これは減らさない

床になじむウッド素材

テーブルに唯一置くモノ

廊下の壁に掛けて

日常生活にやっぱり必要だった…ゴミ箱、ティッシュ箱、カレンダー

「ないと困る」という家族の意見を聞いて、残したモノ3点。「どれも、リビングに置いても悪目立ちしないデザインを選ぶようにしています」。

減らして貯まった！

フェイスタオルで代用

乾きづらい、かさばる、単価が高い…バスタオル

お風呂上がりはフェイスタオルで体を拭けば十分。「バスタオルを使わなくなったら洗濯物の量が減り、乾燥機に入れても早く乾くように」。

WOMAN読者の

"貯まる片づけワザ"大公開!

CASE 1

ストックは最小限でスッキリ！
月収の3割を貯蓄

MONEY DATA

貯蓄・投資額	**900**万円	（夫婦合算）
手取り年収	**300**万円	（世帯年収860万円）
手取り月収	**17**万円	（世帯年収55万円）
月々の貯蓄額	**5**万円	（夫婦合算17万円）

世帯月収の
3割を貯蓄

haguさん
（仮名・34歳）
職業 ➡ 建設・事務

夫と子供2人と4人暮らしのhaguさん。住宅購入を機に「ライフオーガナイザー」の講習を受け、住環境のあり方や整理収納について学んだ。その知識を生かし、日々の生活にムダのない動線にしたり、"物の居場所を決める収納"を徹底したりしている。「部屋が散らかってくると、心もすさみ、お金の使い方もどんどん荒くなると実感。常に整えておくことで、出費が抑えられると思います」。

2016年から家計簿をつけはじめ、お金の流れを見える化したところ、「大まかに管理しているつもりでしたが、ムダの多さにびっくり。支出を日々書き留めることで、お金の重みが分かりますね」。

洋服はむやみに買わず着回しを考え、生協の宅配をやめて買う食材を厳選することで、大幅な生活費カットに成功。

「暮らしと家計のムダを省いた結果、月に4万円は生活費が浮くようになりました。その結果、無理なく月収の3割を貯蓄に回せています」

片づけ術編

> スッキリ貯まる

リビングの片づけワザ

テーブルはイケア、子供の椅子はストッケで購入。家具は長く使うことを前提に、飽きの来ないものに。

@ LIVING

RULE 3

掃除機は究極の
1本で長く愛用

マキタのコードレスクリーナーを愛用。サッと取り出して掃除ができるよう、クローゼットにつるして収納。

デザインもお気に入り

RULE 2

すぐ使う場所にモノを
置くからムダ買いなし

リビングで身支度が完結する生活動線に。「子供の手の届くところに靴下を置くと、自分で着替えてくれます」。

テレビ横に靴下入れ

RULE 1

飾る雑貨は
基本「買わない」

モノが少ないほど片づけがラクと分かり、つい衝動買いしていた雑貨を買わないと決意。「思い出深い雑貨以外は処分！」。

思い出のカエル

月1万円ダウンの 服飾費 の片づけワザ

ワンピースをやめて着回し力アップ

「以前はワンピースばかり着ていましたが、上下別のアイテムを買うようにしたら着こなしの幅が広がりました」

ユニクロで1990円

ユナイテッドアローズグリーンレーベルで8900円

買い足すのは服よりアクセ

アクセサリーでコーデに変化をつける技も習得。「顔周りの印象を変えられるし収納場所も取らない。重宝します」。

見栄えに変化！

ブランド名のラベルでバッグの在庫を把握

イケアの収納ケースにブランド名をラベリング。「迷わず取り出せて、所有するバッグがすべて"一軍"に」。

収納バッグが一目瞭然

アイテム名で分け、服を増やさない

アイテム名のラベルを作り、衣類を整理整頓。「衣類ケースやハンガーに収まる分しか買いません」。

アイコンシールをペタリ

洗濯バサミで区分け

"貯まる"片づけアイテム

すべての居場所を作るラベルライター

クローゼットから食器棚、冷蔵庫の仕分けにまで大活躍。「モノの居場所を決めておくと、家族も片づける場所が分かるので協力してくれます」。

5年以上愛用ニトリの収納ボックス

サイズ違いでそろうニトリの「インボックス」。「中が透けない真っ白な直角の箱。収納時にデッドスペースをつくらず、丸洗いできて重宝」。

片づけ術編

月1万円ダウンの 食費まわり の片づけワザ

粉類、乾麺… 今ある在庫を 冷蔵庫で 見える化

必須の食料品はラベルを貼ったマグネットで管理。「補充するものは右側にずらし、買い忘れを防ぎます」。

買うものは右側の列に

大好きなキッチン家電は「しまう場所を決めてから」買う

収納場所を確保してから買った、念願のヨーグルトメーカー。「甘酒も作るので、コスパがいいです」。

甘酒にハマってます

1アイテム1ボックス収納を徹底

無印良品のCDケースを食料品入れに。「1箱に1種類」と決め、パスタはロングとショートで分ける徹底ぶり。

ストック量が一目瞭然

宅配をやめて週末に作り置き

「お総菜類を買っていた」宅配をやめ、週末におかずを作り置き。「無印良品の保存容器は、積み重ねられて便利」。

食材のロスが減った！

これは減らさない

時間がないときに使えるレトルト食品

手早く食事ができるレトルト食品は、忙しいときはもちろん、災害時の備蓄にもなる。「食べた分だけ買い足し、切らさないようにしています」。

減らして貯まった！

家中のお掃除はこれだけ！

アルカリウオッシュ 1ヵ月16円　クエン酸 1ヵ月25円　炭酸ソーダ 1ヵ月12円　マジックリン 1ヵ月75円

専用洗剤を断捨離

洗剤は4つに絞り、汚れの種類別に使い分け。「水回りはクエン酸、油汚れはセスキ炭酸ソーダ、コンロ掃除にマジックリン、頑固な汚れにアルカリウオッシュを使用」。

※価格は2017年10月下旬編集部調べ

CASE 2

バイオリンとフェレットで帰りたくなる部屋に！

MONEY DATA

株式投資で含み益増！

- 貯蓄・投資額 **3000万円**
- 手取り年収 **450万円**
- 手取り月収 **30万円**
- 月々の貯蓄額 **8万円** （月収の3割弱を貯蓄）

家でお茶タイム満喫

夏野 恵さん
（仮名・39歳）
職業 ➡ 公務員

@ LIVING

寝室はホテルを意識

カーテンはニトリ。ソファカバーはしまむらで3000円。ベージュ系で統一し色数を抑える。

ひとり暮らしで貯蓄3000万円超えを達成した夏野恵さん。月8万円の貯蓄を無理なく続ける一方、家時間を豊かに楽しんでいるのが印象的。

「以前は雑貨好きでしたが、モノが少なく機能的な『ホテルのインテリア』に憧れ、5年前に断捨離しました」。部屋の色数を抑え、余計なモノを置かない暮らしで、物欲は自然に減少。バイオリンを習い、フェレットを飼うなど家で楽しめる趣味を始め、仕事後や週末に外で散財することがなくなった。

「仕事で疲れていても、真っすぐ帰りたくなる部屋になりました」。

片づけ術編

スッキリ貯まる リビング の片づけワザ

① 年中使えて長く愛用、最強コスパソファ

「無印良品のビーズクッションは毎日座ってもへこまず快適」。冬はこたつの座椅子として重宝。

5年前に9800円で購入

② 楽しい家時間で外のフラフラ買いはゼロ

帰宅後の楽しみはバイオリン練習とフェレットと遊ぶこと。「寄り道しなくなり、毎日自炊です」。

月謝1万円はボーナスから捻出

エサ代月500円

月3000円ダウンの 美容費 の片づけワザ

詰め替え化粧品を使い続けて、浮気買いゼロ

化粧水は愛用のものを詰め替えて使い、目移りはなし。ヘアケアは無印良品のホホバオイルのみ。

980円で購入。2〜3カ月もつ

朝晩のヘアケアはこれ1本で200日

セリアの取っ手付きカゴで在庫を見える化

日用品はセリアのカゴで、用途別に仕分けして収納。「残量がパッと分かり、ムダ買いを防げます」。

ストックは各1個がルール

"貯まる"片づけアイテム

収納力UP＆スッキリ セリアのプレンティボックス＆パズルボード

見せる収納はプレンティボックスで統一、隠す収納はパズルボードで空間を有効利用。「組み立て自由で、セリアのカゴがピタリと収まります」。

これは減らさない

エディアール4缶を入りパック

スタバの福袋6000円の中身

1年まかなえてお得 コーヒー福袋＆高級茶葉まとめ買い

スタバやタリーズの福袋や、高級茶葉のセールを逃さず活用し、1年分を常備。「家のお茶がおいしいので、カフェに寄らずに済みます」（笑）。

減らして貯まった！

思い出のモノだけ

インテリア雑貨の衝動買い 月4000円がゼロ！

インテリア雑貨を月4000円ほど購入していたが、引っ越しを機に処分。「余計な出費が減り、掃除もラク。フェレットが走り回っても安心です」。

CASE 3

持たない暮らしに目覚め
ボーナスを全額貯蓄

MONEY DATA

貯蓄・投資額	**600** 万円	350万円は株式投資
手取り年収	**340** 万円	
手取り月収	**18.5** 万円	
月々の貯蓄額	**3** 万円	

1つのブランドでまとめ買い

ひなたさん
（仮名・33歳）
職業 ➡ 教育・事務

@ LIVING

奥の棚と机の幅をそろえ、鏡にはカバーを掛けてスッキリ見せる。

実家暮らしのときはブランド服を身にまとい、貯蓄ゼロだったというひなたさん。ひとり暮らしを機に貯蓄の大切さを痛感し、生活を一新。まずは、月8万円を超えていた洋服代の見直しから始めた。「プチプラ服で探す、2畳弱のクローゼットに収まる量だけ持つ、不要な服を捨ててから買う、以上のルールを徹底。収納スペースが10分の1に。しかモノを買わない生活を続けたら、片づけもラクになり、出費が激減した。「モノへの執着がなくなりました」（笑）。

片づけ術編

月7万2000円ダウンの 服飾費 の片づけワザ

所有する服の数は"ラックに掛かるだけ"
シーズンの初めに、不要な服を処分。捨てた数だけを買い足すことで、一定のアイテム数をキープ。

アクセ＆時計はいいモノを少しだけ
30代に入り、アクセサリーの安物買いはやめた。良いものを少しずつ買えば管理もラクに。

ハイブランドをやめてプチプラ服を指名買い
インスタのタグ検索でプチプラ服を探す。「ユニクロのワゴン内やZARAのキッズサイズは狙い目」。

スッキリ貯まる リビング の片づけワザ

① ロボット掃除機導入で床置き激減
"清水買い"したロボット掃除機。「掃除機が動きやすいよう床置きを減らしたために、モノを買わなくなりました」。

7万円で購入、資格取得の勉強時間が生まれた

上着とバッグは帰宅直後に掛ける
帰宅したらすぐに上着とバッグを玄関のフックに掛け、リビングに持ち込まない。「部屋が散らからなくなりました」。

帰宅後もスッキリ

"貯まる"片づけアイテム

朝の身支度道具をすべて収納 ニトリの棚2つを重ねたテレビ台
ニトリの棚を重ねたテレビ台に、化粧品やドライヤーなど、身支度の道具をすべて収納。入らないモノは買わないことを貫くことで出費が激減。

スキンケア＆ファンデ

ヘアアイロン、ヘアドライヤー

これは減らさない…
旅先で自分土産を1つ

年に1度の海外旅行のお土産
毎年、海外旅行へ。モノは増やしたくないが、旅の思い出は残しておきたいので、自分用のお土産は1点だけと決めて買って帰る。

減らして貯まった！
無印良品のサンプルを収納

② コスメはモニターで購入費0円、ポイントメイクは断捨離
コスメのモニターに登録し、提供品を使用するように。目鼻立ちがはっきりした顔なのでポイントメイクも必要なしと割り切り、美容費は0円！

105

貯めてる女子の暮らしから見えてきた！

片づけるとお金が
勝手に貯まりだす！
7つの理由

家を片づけたことで生活に変化があった人のうち、約3割が「ムダ遣いが減った」と回答。取材で分かった「片づけるとお金が貯まる理由」を徹底解説します！

モノの在庫を把握できるので、ムダ買いしない

片づけることで、家にある服や食材、日用品の在庫を一目で把握できるようになり、買いすぎ防止に。さらに、「必要なモノしか持たない」という意識が高まることで、買い物欲も自然に治まっていく。

特に減るのは……　服飾費　食費　日用品代

家で過ごすのが快適になり、外でお金を使うことが減る

散らかった家が片づくと、「外へ行かなくても、家にいるだけで快適」という状態に。平日夜も休日も、家で料理をしたり、趣味を楽しんだりする時間が増えることで、「外で使っていたお金」が激減。

特に減るのは……　食費　交際費　レジャー費

自分に合うモノが明確になり、買い物の失敗が激減

片づけの過程で見えてくるのが、「ムダ買いしたモノ」の数々。「似合わない」「使いにくい」「自分の習慣に合わない」など、使っていない理由が見えてくることで、「自分に合うモノ」しか買わないようになる。

特に減るのは……　服飾費　美容費　食費

スッキリ部屋を維持したくなり、モノを買わなくなる

床や棚にごちゃごちゃと置いていたモノが一掃されてスッキリした状態を見慣れると、「この状態をキープしたい」という心境に。「モノを増やしたくないから」という理由で買い物の頻度も低くなっていく。

特に減るのは……　家具・家電代　収納用品・雑貨代

106

片づけ術編

モノを丁寧に使うようになり、買い替え頻度が下がる

散らかっていたときは、服のシワや靴の汚れも気にならなかったのが、部屋が片づいてモノが厳選されると、丁寧に扱うようになる。お手入れすることでモノが長持ちし、頻繁に買い替えることもなくなる。

特に減るのは……　服飾費　家具・家電代

収納や広いスペースが不要になり、住居費を減らせる

「家を片づけたら棚や収納グッズに入れるモノがなくなり、捨てた」という人も。収納用品に使っていたお金を減らせるとともに、モノが大量に減れば、狭い家に引っ越して家賃を節約することも可能に。

特に減るのは……　家賃　光熱費　収納用品代

時間と気持ちに余裕ができ、計画的にお金を使える

家を片づけたことで「気持ちが穏やかになった」「時間に余裕が生まれた」人も多数。ストレス買いや衝動買いが減る上、じっくり貯蓄や買い物の計画を立てられるので、"貯め体質"にどんどん近づける。

特に減るのは……　食費　服飾費　子供の教育費　スキルアップ費　レジャー費

スッキリ習慣でムダ買いゼロに

※アンケートは2017年8月に日経WOMAN公式サイト上で実施。355人(平均年齢39.4歳)から回答を得た。

読者アンケートより

貯蓄1000万円以上の女子は
モノを上手に手放していた！

不要になった洋服や靴は、百貨店のリサイクルイベントに持っていく。割引券がもらえるし、家も片づきます。

（34歳・貯蓄1800万円・手取り年収450万円・ひとり暮らし）

余っている調味料などは、それを使うレシピを調べ、調理して使い切ります。頂き物で、自分だけで消費するのが難しい場合は、おすそ分けしたり、申し訳ないけれど処分したりしています。

（42歳・貯蓄1100万円・手取り年収300万円・夫と2人暮らし）

着なくなった服はその場でハサミを入れて、ウエスにする。また、夫婦で互いに「もう、それ十分着たよ」と慰め合い、古い服からの卒業を促す。本は迷う分も含めて、ブックオフ行きの段ボール箱に入れていく。半年後に見直すが、たいていそのままブックオフへ直行。

（44歳・貯蓄7000万円・手取り年収520万円・夫と子供3人と同居）

モノは使ってあげてナンボ。「なんとなく使いにくい」「以前は好きだったけれど…」というモノはお役目が終了しているので、潔く手放します。「売る」「使ってくれる人にあげる」ことで、そのモノがもっと生かされる場に送り出すようにしています。

（39歳・貯蓄1400万円・手取り年収210万円・実家暮らし）

体のことを考えるようになってから化学調味料は不必要だときっぱり言えるようになり、すべて捨てました！　化学調味料なしで、醤油や砂糖など基本の調味料だけで十分おいしくいただけています。

（40歳・貯蓄2000万円・夫と子供1人と同居）

捨てるかどうか迷うモノは、「捨てて後悔したら、また買い直せばいい」と思って捨てています。

（33歳・貯蓄1200万円・手取り年収300万円・実家暮らし）

108

4

老後のお金の不安は
こうして解消！

定年女子の
リアル家計 編

人生100年時代と叫ばれる昨今、このままずっ
と働き続けていれば大丈夫？　定年後はちゃん
と暮らしていける？　とお金の面でもそれ以外
でも迷いがち。そこで定年を迎えた働く女性の
先輩方に、キャリアヒストリーとリアル家計を
直撃！　老後の不安を解消する「60歳までのTO
DOリスト」も要チェック。

気になる！

60代からの収入＆支出のリアル

定年女子たちは今何を考え、どう過ごしている？ 6人のライフヒストリーや1カ月の家計収支、老後資産までリアルな実態を赤裸々公開。
人生の先輩として、私たちへのアドバイスもいただきました。

CASE 1

資格が定年後にも役立っています

山下真由美さん
（仮名・66歳／東京都）
居住形態 ➡ 息子と2人暮らし
定年前のお仕事 ➡ 教育・総務、秘書
現在のお仕事 ➡ シルバー人材センターで学童指導など

所有する資格
- 簿記検定（3級）
- 秘書検定（1級）
- 労務管理士
- 介護職員初任者研修（ヘルパー2級）
- 福祉住環境コーディネーター検定
- 賞状書士
- 洋裁・和裁

大手食品会社の総務部門で人事課長の職に就いていた山下真由美さんは、定年を機に退職。今は週2回、シルバー人材センターの仕事で働く。「65歳まで会社に嘱託として残れたのですが、人事情報を知る自分が残ると、後輩もやりにくかろうと思って辞めました」。

退職後すぐ転職先を探したが、「自宅周辺の人事、総務」という希望を満たす仕事は見つからない。その後、病気を患ったこともあり、体に負担の小さい今の仕事をしている。

ただ、「今は毎日がほんわかしすぎ。元気になったら毎日働く仕事を探すつもり。会社に残ればよかったかな、と思うことも。定年後のことも、もっと考えておけばよかった」。

会社が奨励していたこともあり、山下さんはたくさんの資格を持っている。「意外な資格が今の仕事で役立っています。ずっと働き続けるためにも、収入につながりそうな資格は取っておいてもよいと思います」。

定年女子編

ライフヒストリー

- **19歳** 大手海運会社に就職。人事部に配属。
- **21歳** 秘書検定受検。
- **25歳** 同僚と結婚、寿退社。
- **27歳** 夫と死別。生後7カ月の子供を連れて地方の夫の実家へ。
- **30歳** 自分の実家へ戻る。
- **33歳** 信販会社の求人に年齢オーバーながらも応募、合格。秘書として働く。
- **38歳** 信販会社を退職。
- **39歳** 大手学習塾グループに転職。秘書として働く。
- **40歳** 年収が800万円に達するも、連日残業の激務。
- **43歳** 実家のそばに2300万円の中古マンション（3LDK）購入。
- **44歳** 子供の教育費がピークに（100万円×4年間）。
- **51歳** グループ会社に転籍。総務部門で働く。年収500万円。
- **57歳** 実母の介護が始まる。10～17時の時短勤務。
- **60歳** 実母他界。定年退職。
- **61歳** シルバー人材センターに登録。
- **65歳** 住宅ローン完済。

1カ月の家計収支

収入
- 年金 …………………………… 14.5万円
- シルバー人材センター配分金 ……… 2.5万円
- 息子からの入金 ………………… 5.0万円
- **収入合計** ……………………… 22.0万円

支出
- 食費 ……………………………… 5.0万円
- 住居費（共益費） ………………… 2.0万円
- 水道・光熱費 …………………… 3.0万円
- 通信費 …………………………… 3.5万円
- 日用品代 ………………………… 2.0万円
- 生命保険、医療保険料 …………… 2.0万円
- 通院費 …………………………… 2.0万円
- **支出合計** ……………………… 19.5万円

定年時（60歳）の老後資産
- 自宅マンション（3LDK） ………… 約2300万円 ※中古購入時
- 預金 ……………………………… 約1100万円

内訳
退職金1	約400万円（前職の退職時）
退職金2	約200万円（60歳定年時）
財形貯蓄、持ち株会	約200万円
貯金	約300万円

やっておいてよかったこと

天引きの預金
財形貯蓄、持ち株会、貯蓄型保険など、天引きや積み立ての貯蓄・投資はやってよかった。知らない間に老後資産をつくることができた。

資格の取得
会社に取得を奨励されていたので、いろいろな資格を取得したが、賞状書士など、意外な資格が今の仕事に役立っている。

やっておけばよかったこと

雇用延長で会社に残る
65歳まで働けたのに辞めてしまった。想定外の病気で治療費がかかったこともあり、健康保険が手厚い会社に残ればよかった。

定年後のプランを立てておく
40代から5年程度先を目標にして、どんな働き方をしたいか、イメージしてプランを練っておけばよかった。

人生の先輩からのアドバイス

CASE 2

のんびり働きながら元気なうちに旅行も楽しみたい

飯田聡子さん
（仮名・64歳／東京都）
居住形態 ➡ 夫と2人暮らし
早期退職前のお仕事 ➡ 食品会社総務
現在のお仕事 ➡ シルバー人材センターで施設窓口事務

1ヵ月の家計収支

収入
年金（夫と2人分）	29.0万円
シルバー人材センター配分金	4.0万円
収入合計	**33.0万円**

支出
食費	6.0万円
住居費（修繕費の積立など）	2.0万円
水道・光熱費	1.5万円
通信費	2.0万円
日用品代	5.0万円
保険	2.0万円
通院費	1.0万円
支出合計	**19.5万円**
予備費（旅行・慶弔費など）	13.5万円

夫定年時（60歳）の老後資産（世帯）
自宅（戸建て） ※新築購入時	約4000万円
預金	約500万円
退職金	約2200万円

ライフヒストリー

- **22歳** 私立女子大を卒業、**銀座のデパート**に就職。
- **24歳** 石材会社に転職。**秘書の仕事**に就く。
- **28歳** 公務員の夫と**結婚**。**出産で退職**。専業主婦に。
- **30代前半** 実母の病気を機に同居を開始。**第2子出産**。
- **30代後半** 実母に子供を見てもらい、**市の臨時職員**に。
- **40歳** 長男が私立中学入学。
- **42歳** 学費捻出のためビル管理会社の**事務職**に。
- **45歳** 長女が私立高へ。**食品会社に転職**。実母他界。
- **40代後半〜50代前半** 私立大学生2人を抱えて教育費がピークに（年200万円超）。
- **54歳** 長男・長女就職。教育費から解放される。
- **62歳** **食品会社退職**。シルバー人材センターに登録。

人生の先輩からのアドバイス
大学は出ても資格はナシ。仕事を探すとき、「資格があれば」と思ったことが何度かありました。

飯田聡子さんは62歳で会社を辞め、シルバー人材センターの仕事で働く。「長い老後を考えると年金だけでは不安。とはいえ元気なうちに旅行も楽しみたい。今の働き方がちょうどいい」。30代後半から子供2人の教育費のために働いてきた。「苦しい時期は、おかげで余裕はなかった。定年で辞める余裕はなかった。「教育費と老後資金のバランスも考えるべきでしたが、『そんなこともできた？』とも思う。今は楽しみと収入のバランスを取っています」。

金のことで何度も夫ともめましたね」。50代半ばで子供は巣立ったが、老後の準備は手つかず。定年で辞

定年女子編

CASE 3
「普通の暮らし」と「老後の安心」を同時に手に入れました

稲垣美津江さん
(70歳／愛知県)
居住形態 ➡ ひとり暮らし
退職前のお仕事 ➡ 和裁士
現在のお仕事 ➡ 無職、年金生活

1カ月の家計収支
収入
年金と貯蓄の取り崩しで支出を賄う

ゆいま～る入居者の支出の目安

住居費(家賃・サポート費)	11.7万円
光熱費	1.3万円
その他の支出	7万～12万円
支出合計	**20万～25万円**

ライフヒストリー

- **20歳** 専門学校で和裁を習得。呉服店の請け負い仕事を始める。
- **24歳** 会社員の夫と結婚。1年後、夫が難病発症。
- **32歳** 戸建てを新築。3000万円（金利8％）のローンを、稲垣さんの収入だけで返済開始。
- **40代** 入退院を繰り返す夫の看護に追われる。
- **48歳** 病院のそばのマンションに買い替え。
- **55歳** 夫、早期退職。稲垣さんも仕事を辞める。夫の障害年金と貯蓄の取り崩しで生活。
- **59歳** 夫が亡くなる。
- **60歳** 老人ホームの書道教室に通い、転居先を検討。
- **64歳** 自宅マンションで居住者を巻き込み、見守りコミュニティーづくりに挑戦するも苦戦。
- **69歳** 「ゆいま～る」を見学に行き、入居を即決。

ジムで体を動かしたり絵を描いたりと忙しい毎日を送る稲垣美津江さんは、「ゆいま～る大曽根」という高齢者住宅で暮らす。公社住宅の空室を高齢者向けに改装した住宅で、隣には普通の子育て世帯などが暮らす1階に地元NPO法人が運営する店舗、共用スペース

があるが、普通の団地だ。59歳で夫を亡くした稲垣さんは、終の住み家をどうするかずっと考えてきた。一般的な老人ホームはなじめそうもない。

「この住宅は普通に暮らしながらサポートも受けられる。今は、不安もなく、毎日充実していますよ」

稲垣さんが暮らす自室

共用スペース

人生の先輩からのアドバイス
元気なうちに老人ホームを見学したり、隣人と見守りや介護で助け合えるか探ってみることが大切。

1カ月の家計収支

収入
- 年金 14.5万円
- 厚生年金基金（代行部分） 3.9万円
- **収入合計** **18.4万円**

主な支出
- 住居費（管理費） 1.5万円

お茶飲み友達の家で食事を作り、代わりに食材費を出してもらうことで、食費はほとんどかかっていない。他に大きな支出はない。

CASE 4
コツコツ貯金と自宅の売却資金で、高級ホームに入りたい

野本祐子さん
（仮名・75歳／千葉県）
居住形態 ➡ ひとり暮らし
退職前のお仕事 ➡ 食品大手・経理
現在のお仕事 ➡ 無職、年金生活

ライフヒストリー

- **21歳** 商業高校卒業後、簿記学校で簿記1級取得。
- **22歳** 大手食品会社に入社。経理の仕事をする。
- **42歳** 1600万円の新築マンション（2DK、駅近）購入。姉の家から引っ越し。
- **49歳** 住宅ローン完済。
- **55歳** 山一証券の株で100万円の損。
- **58歳** **早期退職**。退職時の月給は31万円。退職金は約1360万円。天引きでコツコツ貯めた老後資金は、退職金を含めて約5000万円。
- **59歳** 月約23万円の**失業保険で1年半生活**（職業訓練校通学で半年延長）。
- **60歳** **年金受給開始**。65歳までは個人年金も受け取る。
- **61歳** 投資信託で資産運用（現在、200万円の赤字）。
- **75歳** 姉が高級老人ホームに入居。

人生の先輩からのアドバイス
家を買って本当によかった。安心も手に入ったし、お金も貯まった。売れば、高齢者施設に入る際の資金にもなります。

野本祐子さんが58歳で食品会社を早期退職したときの資産は約5000万円。昨年、86歳の姉が一時金3800万円で入ったホームに入りたいと考えている。「いい施設に入るにはお金が必要です が、なくても暮らしていけます。60代で協力相手を見つけてもいい。若い人には働けるときは一生懸命働いて！と伝えたいですね」。

弁当持参のお金を使わない生活と、長く続けた月5万円の天引き預金の成果だ。今も60代で出会った人と食費をシェアしているので年金は余り気味。資産は増え続けている。いずれ老人ホームが理想だ。

定年女子編

1カ月の家計収支

収入
- 老齢厚生年金(報酬比例部分) 10.0万円
- 個人年金(5種類) 10.0万円
- パート収入(週2回、時給1100円) ... 7.0万円
- 老齢基礎年金(65歳から) .... (+約6万円)
- **収入合計** 27.0万円

支出
- 食費(中食中心) 5.0万円
- 住居費(UR家賃) 9.5万円
- 趣味・旅行・交際費 5.0万円
- その他生活費 7.5万円
- **支出合計** 27.0万円

ライフヒストリー

- **19歳** 短大卒業。**財閥系エネルギー会社**に就職。
- **23~28歳** **会計事務所、コンサルティング会社、外資系食料商社**へと、2~3年刻みで転職。月給は14万~22万円。
- **30歳** 生涯独身を覚悟。個人年金など貯蓄型保険の積み立て開始。
- **38歳** 結婚。夫と2人暮らしに。
- **47歳** 離婚。
- **48歳** UR賃貸でひとり暮らし。家賃10万円強。
- **51歳** 母が要介護5の介護状態に。程なく特別養護老人ホームに入居。
- **53歳** **最終年収約700万円**。父が介護病棟へ。
- **54歳** りすシステムと契約。
- **55~56歳** **早期退職**。退職金を受け取る。**社会福祉士の勉強のため大学へ入学**、2年間無収入に。父他界。
- **57~58歳** 大学卒業。**福祉関係のパート**で働き始める。母他界。
- **60歳** 年金受給開始。

人生の先輩からのアドバイス

将来、何が一番大切で何がイヤなのかを考えてみて。お金がない、孤独…など、不安の正体と対処法が分かるはず。

CASE 5

お金も幕引きも準備万全で、老後不安は一切なし！

佐々木明美さん
(仮名・60歳／東京都)
居住形態 ➡ ひとり暮らし
早期退職前のお仕事 ➡ 外資系食料商社・経理
現在のお仕事 ➡ 福祉系パート(月7万円前後)

48歳で離婚し、働きながら両親の介護を経験。その際、「私の介護は誰がやってくれるの？と疑問を抱いた」と佐々木明美さん。53歳でりすシステム(→P.127)に加入し、「人に迷惑をかけたくないという老後の唯一の不安がなくなりホッとしました」。55歳で早期退職し、福祉の資格を取るために大学入学。現在は、登録制のガイドヘルパーとして勤務。30歳から複数の個人年金に加入してきたので、月収は27万円と余裕がある。「自分が何を一番優先し、何を一番リスクに感じるかを考えることが大事です」。

1ヵ月の家計収支

収入
- 年金 15.0万円
- ▲預金の取り崩し ....(7.5万円)
- **収入合計** **15.0万円**

支出
- 食費 6.0万円
- マンションの共益費 2.0万円
- その他生活費 14.5万円
- **支出合計** **22.5万円**

ライフヒストリー

- **23歳** 病院にソーシャルワーカーとして就職。
- **35歳** 2500万円のマンションをローンで購入。
- **40代** 自分のために納骨堂を購入。仕事を通して、自分にも後見人をつけようと考えるようになる。
- **42歳** 母他界。
- **49歳** 父他界。
- **56歳** 遺言を書く。
- **60歳** 定年退職。住宅ローン完済。退職金は老後資金に。
- **66歳** 妹が突然他界。

人生の先輩からのアドバイス
最期を手伝ってくれるのは信頼できる人。老後不安解消の第1歩は、誰でもいいので、頼れる人を身近につくること。

CASE 6

多くの看取りから学んだ「最期は人」ということ

菊地かほるさん
(67歳／東京都)
居住形態 ➡ ひとり暮らし
定年前のお仕事 ➡ 医療ソーシャルワーカー
現在のお仕事 ➡ 教会でボランティア

大学で福祉を学んだ後、ソーシャルワーカーとして定年まで勤めた菊地かほるさん。「当時はまだソーシャルワーカーの認知度が低く、職場や社会と戦ったことも。人の役に立ちたいという気持ちで働いてきました」。手取り20万円のなかから貯金をして、35歳でマイホームを購入。ローンは60歳で完済した。仕事柄、身寄りのない人との関わりも深く、多くの看取りも経験。そこから学んだのは、"人とのつながり"の大切さ。「お金があってもひとりじゃ寂しいし、心が満たされない。最期はやっぱり"人"なんです」。

定年女子編

老後の不安はこれで解消！

60歳までの TO DO リスト

あなたの老後の不安は、お金？ 仕事？
住まい？ 健康？　やるべきことを把握して、
漠然とした不安を解消しましょう。

1 年金不安を解消するTO DOリスト

公的年金だけで暮らしていくのは難しいのが現実。
定年後も働き続けることを考えつつ、
現役時代から自分年金を準備しておこう。

☑ iDeCoを使って自分年金づくり

まずは銀行や証券会社でiDeCoの口座を開く。投資対象は運用成果により資産額が増減する投資信託がおすすめだが、元本保証の定期預金でも十分、節税のメリットを享受できる。慣れてきたら投資信託での運用も考えよう。

☑ フリーランス・自営なら「小規模企業共済」も活用

国が作った自営業者のための退職金制度を活用。現役時代に積み立ててきた掛け金に応じた共済金を、65歳以降に受け取れる。掛け金に応じて税金が安くなる。申し込みは都市銀行や商工会など。

☑ 50代以降は生活をダウンサイジング

会社員の場合、55歳の役職定年、60歳の定年で、所得が大きく減るのは確実。そのときに備えて、50歳を過ぎた頃から家計を見直し、意識的に支出を抑えることで生活をダウンサイジングする。

② 定年後の仕事不安を解消するTO DOリスト

定年後に再就職できるかしら……と不安なら
下記の4つをチェック！　早めの対処が成功の鍵に。

☑ 健康とコミュ力とプレゼン力を磨く

高齢者を雇う側は、元気で長く働けるか、周囲とうまくやっていけるかを気にするもの。健康やコミュニケーション能力の高さをアピールする力も大切。

☑ 専門性を磨き、資格も取る

雇う側も高齢者を育てる気はないので、求められるものは即戦力。経理や人事などの経験者は定年後も就職しやすい。資格も意外に役立つ。

☑ 定年後の働き方を考えて情報を集める

定年後は、どこでどんな形で働きたいかを考えて情報を集める。勤務先の雇用延長制度の内容を調べたり、勤務先のOB、OGの話も聞いてみたりする。

☑ ネットワークを広げてタネをまいておく

定年後の再就職は、知り合いの紹介で決まることが多い。人的ネットワークを広げ、「将来は新しいことに挑戦したい」と折に触れて伝えておく。

書き出すと対策が見えてくる！

定年女子編

③ 住まいの不安を解消する TO DOリスト

今の住居に住み続けるとは限りません。終の住処を想定しよう。

☑ **シェアハウスで暮らしてみる**

高齢者施設の暮らしはシェアハウスで暮らすようなもの。若いうちにシェアハウスで暮らして、共同生活の良い点、煩わしい点を体験。

☑ **高齢者施設でボランティアをしてみる**

多くの高齢者施設でボランティアや見学を歓迎している。訪れることで「分からないから不安」を払拭できるはず。

☑ **家を買うなら「売りやすさ」も考える**

将来、高齢者施設に入るなら、まとまったお金が必要。もし家を買うなら、駅の近くなど、売りやすい物件を選ぶこと。

④ 体が弱ったときの不安 を解消するTO DOリスト

もし病気になったら……？　頼れる人を見つけておこう。

☑ **地域の人や親族と良好な関係を築く**

ひとり暮らしで体が不自由になったとき、様子を心配してくれるのは近所の人や親族。近所に居場所や仲間づくりを心がける。

☑ **後見制度やサポート組織について学ぶ**

手術や施設への入居には、親族の保証が求められる。親族に期待できないなら、「後見制度」や高齢者を支援するNPO組織などの情報を集める。

☑ **かかりつけ医を持っておく**

介護認定の際には、かかりつけ医（主治医）を聞かれる。健康診断や風邪での受診でもいいので、地域にかかりつけ医を持っておく。

知っておきたい！

公的年金と定年後の家計支出

「年金不安」「老後資金が何千万円必要」という見出しの記事に不安をかき立てられている人も多いのでは？　老後資金の平均値を基に試算すると、確かに数千万単位の額になってしまうのですが、実際の必要額は人それぞれ。自分はいくら必要なのかを考える参考に、今の高齢者の年金水準と家計支出を見てみましょう。

将来もらえる年金額はこれだけ！

会社員・公務員 *1

月13.4万円（年160万円）

老齢基礎年金78万円 ＋ 老齢厚生年金82万円

＊1：38年間勤め、全期間の平均額面年収が400万円（平均標準報酬額33万円）の場合。2019年度の老齢基礎年金は78万100円

老齢厚生年金（年額）のざっくり計算法

勤めた期間の平均年収×0.0055×勤めた年数

※「平均標準報酬額×1000分の5.481×被保険者期間の月数」という本来の計算式を簡易化した数式。全期間の平均年収は、40代半ばの年収額が目安

フリーランス・自営業

月6.5万円（年78万円）

老齢基礎年金のみ

老齢基礎年金（年額）

77万9300円

※2018年4月からの金額。国民年金を40年間払った満額受給の場合

年金額は額面で、年額の1万円未満、月額の1000円未満は四捨五入。額面から税金（所得税、住民税）と社会保険料（国民健康保険料、介護保険料など居住する自治体によって異なる）が引かれるので手取りは1割程度減る。

会社員・公務員の年収＆勤めた年数で分かる年金額の目安〔額面、月額〕

勤めた期間	勤めた年数			
の平均年収	40年	30年	20年	10年
300万円	12万円	11万円	9万円	8万円
400万円	14万円	12万円	10万円	8万円
500万円	16万円	13万円	11万円	9万円

会社員などが入る厚生年金は、高い年収で長く働くと、年金額が増える仕組み。ただ、この表の金額は現在の制度での試算。今の30〜40代は、表の金額から2〜3割程度は減ると考えておこう。その一方で、「女性の給与水準は今の年金受給者より上がっているので、その分、女性受給者の年金水準は今より上がりそう」（井戸さん）。

定年女子編

既婚世帯で妻が65歳以上になってから夫が亡くなった場合の年金額

	夫は会社員・公務員*2 夫の年金 月15.2万円	夫はフリーランス 夫の年金 月6.5万円
妻が会社員・公務員*2 年金 月13.4万円	世帯合計年金額 28.6万円 夫が亡くなると ➡ 月13.4万円 遺族厚生年金なし	世帯合計年金額 19.9万円 夫が亡くなると ➡ 月13.4万円 夫の死亡一時金(32万円) のみで年金加算なし
妻がフリーランス・自営業 年金 月6.5万円	世帯合計年金額 21.7万円 夫が亡くなると ➡ 月13万円 遺族厚生年金(月6.5万円)加算	世帯合計年金額 13万円 夫が亡くなると ➡ 月6.5万円 夫の死亡一時金(32万円) のみで年金加算なし

会社員夫婦（それぞれが厚生年金加入）だと、世帯の年金額は月28.6万円にもなるが、夫に先立たれると、原則、自分の年金だけで暮らしていかなければならなくなる。ただし、夫が会社員で妻が専業主婦やフリーランスなどの場合は、夫が亡くなると「遺族厚生年金」が支給され、妻の年金と合わせると、単身でも会社員並みの年金が受け取れるようになる。

＊2：会社員の夫または妻は38年間勤め、全期間の平均年収（額面）が妻400万円（平均標準報酬額33万円）、夫500万円（平均標準報酬額42万円）の場合。
※国民年金は会社員、フリーランス共に40年間支払った場合（満額受給）。夫死亡時に、18歳到達年度末を経過していない子供はいないと想定。1000円未満は四捨五入。夫婦共に会社員のケースでは、妻の老齢厚生年金額が配偶者の老齢厚生年金額の75％より多いため、遺族厚生年金はなし。妻が65歳未満で遺族厚生年金の受給該当者の場合は65歳まで中高齢寡婦加算が加算される。

現在の高齢者も年金だけでは暮らせない

「貯蓄だけで賄うにせよ、定年後も働くにせよ、老後資金の柱になるのは公的年金」と語るのはFPの井戸美枝さん。年金額は現役時代に会社員・公務員なら月8万〜16万円、フリーランスなら月6・5万円だ。

国の調査では、単身高齢者の支出は月15・5万円。年金をメーンとした収入は月11・4万円で、4・1万円の赤字を貯蓄の取り崩しなどで賄っている。月の赤字が5万円なら年60万円。老後が30年なら1800万円が必要という計算だ。

しかし、井戸さんの見立てでは月5万円でも足りそうにない。「20〜30代の午金は今の年金受給者より2〜3割減るでしょう。年金は破綻しませんが、目減りは避けられません」。

不足分を補うために井戸さんが勧めるのが、iDeCo（個人型確定拠出年金）での老後資金づくり。

毎月一定額を積み立てて運用したお金を、60歳以降に年金や一時金で受け取れる。税制優遇もある、老後資金づくりの最強手段。老後が不安ならまず、iDeCoから始めよう。

この人に聞きました

社会保険労務士・FP
井戸美枝さん

お金の専門家として、家計や年金などについて解説。厚生労働省社会保障審議会企業年金個人年金部会委員。近著は『大図解 届け出だけでもらえるお金』（プレジデント社）。

> 老後の生活費は
> 大丈夫？

年金だけでは月4万〜5万円の赤字が現実

定年後は
月11万円の年金で
月16万円の生活費が
平均

平均的な高齢者世帯の家計簿。持ち家率が高いので住居費がほとんどかかっていないが、それでも単身で月15.5万円はかかっている。現在の高齢者でも、公的年金だけでは赤字。

60歳以上無職世帯の家計支出（月額）

費目	シングル	夫婦
食費	3.5万円	6.4万円
住居費	1.5万円	1.4万円
水道・光熱費	1.3万円	1.9万円
日用品代	0.6万円	0.9万円
服飾費	0.4万円	0.6万円
医療費	0.8万円	1.6万円
交通・通信費	1.3万円	2.8万円
教養・娯楽費	1.7万円	2.5万円
交際費	1.8万円	2.7万円
その他	1.4万円	2.8万円
税金など	1.2万円	2.8万円
支出合計	15.5万円	26.4万円
年金などの収入	11.4万円	20.9万円
不足分	▲4.1万円	▲5.5万円

※「家計調査年報（家計収支編）平成29年（2017年）」（総務省統計局）を加工して作成

定年女子編

30代でも1割以上が老後資金1000万円を準備済み

民間のアンケート調査によると、「老後資金を全く貯めていない」という女性が一番多い。
年代が上がると、まとまった老後資金を準備している女性も増えてくる。

老後の資金を現時点でいくら準備していますか？

	準備していない	100万円未満	100万～500万円	500万～1000万円	1000万～2000万円	2000万円以上	平均額
20代女性	56.6%	13.7%	15.4%	6.8%	3.7%	3.8%	325万円
30代女性	40.8%	12.1%	20.9%	12.6%	7.8%	5.8%	490万円
40代女性	35.5%	12.1%	18.8%	12.8%	11.1%	9.7%	728万円
50代女性	27.1%	10.7%	16.5%	16.0%	12.3%	17.4%	1144万円

「2018年4月実施サラリーマン1万人アンケート」（フィデリティ退職・投資教育研究所）より

30歳から月2万円でiDeCoを始めれば、月4.9万円の自分年金が手に入り、200万円分の節税に

iDeCoは毎月、一定額で投資信託や定期預金・保険に積み立てて資産をつくり、60歳以降に年金などの形で受け取る自分年金づくりの制度。毎月の積立額上限は働き方で幅がある。拠出、運用、受取時に税制優遇があり、税金がおトクに。左図の試算では、30歳から月2万円の積み立てで、60歳以降、月約5万円の年金が20年間受け取れる。

30歳 ◀ 積立期間（30年間） ▶ **60歳** ◀ 受取期間（20年間） ▶ **80歳**

月**2**万円拠出
年利3%で運用
年収400万円

拠出時の所得税、
住民税の節税額は
108万円（30年分）

積立資産 約**1165**万円
元本 720万円

運用益 約445万円
（運用益の節税額は
約89万円）

受取額 月約**4.9**万円
元本 720万円

・65歳未満は、公的年金との
合計が年70万円まで非課税
・65歳以上は、公的年金との
合計が年120万円まで非課税

[開始]

[積立期間中は税金がおトクに]

[60歳まで積み立てた資産が自分年金の原資に]

[毎月、年金の形で受け取ることも一括で受け取ることも可能]

※確定拠出年金の節税額はJIS＆Tのサイトで試算。60歳以降は年金資産を元本保証商品に移行すると仮定。受取期間の非課税枠は公的年金（国民年金・厚生年金）と合算枠。60歳以降の受け取り方法は金融機関によって異なる。楽天証券は最長20年、年12回の毎月受け取りが可能

会社員は定年後、雇用延長などで会社に残る働き方と、古巣を離れて働くという選択肢があります。雇用延長は65歳までの会社が大半。70歳、75歳まで働こうと思ったらやはり働き口を探すことに。新たな働き口として、どんな仕事があるのか調べてみました。

60歳以降も続けられる？
老後の働き方ロードマップ

シニア転職は本人希望も就職先も事務がトップ

	就職希望職種	実際の就職先
事務職	37.0%	28.8%
マンションなどの管理員	8.3%	15.5%
清掃	4.3%	10.5%
介護・保育など	8.3%	9.1%
専門技術	15.8%	9.0%
販売	8.8%	6.9%
その他	17.5%	20.2%

※東京しごとセンター「シニアコーナー」の利用者（55歳以上）。2017年度利用実績

\ この人に聞きました /

東京しごと財団 しごとセンター課長　**酒井崇光さん**

事務職は経験者が中心　介護はすぐに長く働ける

シニアが希望する職種で一番多いのは事務職。「経理や人事などの経験者が即戦力として雇われるケースが多い」（東京しごと財団の酒井崇光さん）。介護・保育の仕事も求人数が多く、職は得やすい。大変な仕事だが、訪問介護は時間の融通が利き、事務職より長く働ける利点も。職種を選ばなければ、定年後の仕事はいくらでもある。

シニアの転職先で女性比率が高いのは、事務、介護・保育、調理などの仕事

事務
女性比率：61.2%　最高齢：80歳

仕事内容 パソコンを使用する、事務の補助が中心。「即戦力」の経験者採用が多い。

雇用形態と賃金 パートが多数。経理はフルタイム採用も多い。単年度契約の雇用が多い。フルタイムで月給16万〜25万円程度、パートで時給は1000円前後が相場。

働き方 土・日曜、祝日は休み、パートは9〜18時の間の4〜5時間という働き方が一般的。

就職動向 求人数も多いが希望者も多い。経験を生かす就職が中心。

介護（ヘルパー）
女性比率：70.6%　最高齢：73歳

仕事内容 高齢者宅を訪問して、介護・家事援助をする訪問介護の仕事が中心。

雇用形態と賃金 1年契約（更新型）のパートが中心。時給は1100〜1500円が相場。1日2時間、週1〜2日程度からスタート。半年後に週20時間を超えて働く人も。

働き方 1回の訪問は1時間以内。勤務時間の調整がしやすい。70歳を超えて働く人も多い。

就職動向 求人数は非常に多い。地元採用重視の傾向。

調理補助
女性比率：59.3%　最高齢：80歳

仕事内容 食堂などでの調理補助が中心。立ち仕事、水仕事で、重いものを持つことも。

雇用形態と賃金 半年から1年契約（更新型）のパートが9割以上。業種、規模による賃金差はほとんどなく、時給960〜1200円が相場。

働き方 1日3〜4時間、週3〜5日が最多。シフト勤務が一般的。「毎週○曜日は休みたい」という希望は難しい。

就職動向 1年を通して一定数の求人がある。仕事は探しやすい。

※東京しごとセンター「シニアのしごとガイド2018」を基に編集部で作成

定年女子編

いくつまでどんな働き方をするのか、40代後半からデザインしておくことが大切

＊：就業率は総務省「労働力調査」（2016年）から。①は働いている女性全体の比率。②は経営者以外の一般社員の就業率。シルバー人材の平均年齢は東京都のシルバー人材センター登録者の2016年度の平均年齢。平均寿命は2017年

働き方ロードマップ（会社員の場合）

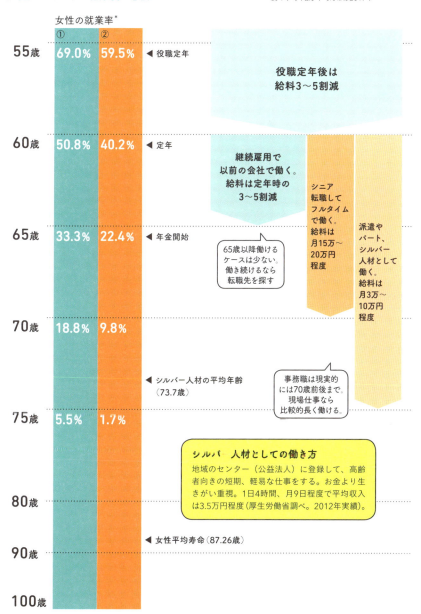

人生終盤に頼れる仕組み

お金だけじゃ準備不足!

\ この人たちに聞きました /

NPOりすシステム代表理事 **杉山 歩**さん
行政書士 **黒澤史津乃**さん

りすシステムは1993年に誕生。2000年2月に、弁護士や公認会計士が預託金管理などを行う第三者機関「NPO日本生前契約等決済機構」を設立。同年11月、NPO法人に組織変更。

実は資金対策だけでは足りないのが老後の問題。家族や親族に負担がかかったり、パートナーに先立たれて行き詰まったり。でも、そんなときに頼れる仕組みもできつつあります。転ばぬ先の杖として覚えておいて。

今の制度では人生の終盤に家族がいろいろな役割を担うことを求められる

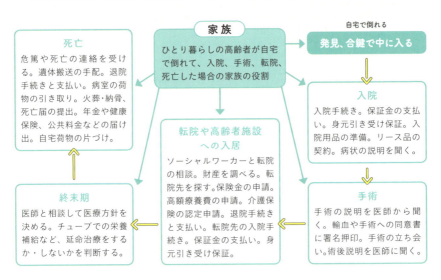

生前のサポートから最期まで家族の役割を"代行"する

お金さえあれば老後は安心? 答えは「NO」。特におひとりさまの場合、お金だけでは解決できない問題にぶつかることも。

「最も多いのは、"施設に入りたいけれど保証人がいない"という相談です」とは、老後の生活から最期まで諸手続きをサポートしてくれるNPO「りすシステム」の代表理事、杉山歩さん。身元保証代理をはじめ、病気になったときの生活サポート、死後の葬儀手配や家の片づけなど、これまで家族が担ってきたさまざまな役割を"代行"してくれる。事前に契約を交わすこ

定年女子編

家族・親族がいれば安心…とも言い切れない

子供がいても…

晩婚化で、親の介護と子育てが同時に起こる。

子供も共働きが当たり前。

そもそも子供の数が減っている。

子供が遠方や海外に在住の場合も。

子供がいない場合も…

配偶者や兄弟は一緒に年を取る。

親族でも高齢だと、入院の保証人になれない場合もある。

甥や姪にとって両親プラスおじ・おばの面倒を見るのは過酷。

親族がいても疎遠になりがち。

人生の終盤を「契約家族」として支援するNPO

NPOりすシステム
初期費用の目安 100万円（総合保証パック）

身元保証や入居・入院の手伝い、死後の事務にかかる費用の預託金70万円を含む。別途、会費が月1000円。事務を依頼するごとに必要な費用を預託金から出すことも可能だが、後日積み増しが必要になることもある。

NPO法人きずなの会
初期費用の目安 190万円（預託金）

身元保証、生活支援、葬儀・納骨支援、弁護士費用などを含む。別途、年会費が1万円、金銭預託手数料が月1000円必要。

サポート組織は元気な状態から死亡後までの家族の役割を代行

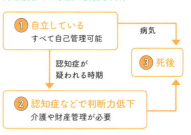

① 生前事務委任契約
- 入院時の身元引き受け保証、本人の事前意思表示に基づく医療上の意志決定支援などを行う
- 緊急時には本人の「家族」として動く

② 任意後見契約
- 認知症発症などの判断力低下に備えて、元気なときに契約する
- 判断力が低下したら、後見人として財産管理や介護保険、病院などの手続き（身上監護）を行う

③ 死後事務委任契約など
- 葬儀、火葬、納骨を行う
- 家財の処分、賃貸住宅の返還手続き、公共料金、年金、保険などの手続き

とで、認知症などで判断能力をなくした場合も治療方針などに自分の意思を反映できる。

「公正証書による契約により、保証人や任意後見人、死後の事務手続きなどを引き受けます」（運営に関わる行政書士の黒澤史津乃さん）。相談者の平均年齢は74歳だが、「最近は40代の相談者が急増している」という。

シングル、既婚にかかわらず、人生の終盤で身寄りのない状態になる可能性は誰にもある。いざというときに支えになってくれる、こうした存在を知っておくだけでも、大きな安心材料になるはずだ。

> STAFF

イラスト：北村みなみ
写真：岩瀬有奈、小野さやか、工藤朋子、佐藤和恵、洞澤佐智子、松橋晶子、
　　　水野真澄、山口尚美、吉澤咲子、スタジオキャスパー、PIXTA
取材・文：大上ミカ、工藤花衣、高島三幸、武田雅子、西尾英子、
　　　　　三浦香代子、元山夏香、森野史江、吉田明平、若尾礼子

本書に掲載の情報は、日経WOMAN2017年12月号、2018年3月号・9月号、2019年3月号・4月号の記事を抜粋、加筆、再編集したものです。内容は原則として取材当時のものですが、一部情報を更新しています。記事掲載の価格は原則、消費税を除く税別表記としています。

ムダなお金をかけずに幸せに暮らす
貯まる女子の毎日の習慣

2019年6月24日　第1版第1刷発行
2019年7月25日　第1版第2刷発行

編　者	日経WOMAN編集部
発行者	南浦淳之
発　行	日経BP
発　売	日経BPマーケティング 〒105-8308　東京都港区虎ノ門4-3-12
編　集	株式会社マーベリック（大川朋子、奥山典幸、松岡芙佐江）
装　丁	小口翔平＋岩永香穂（tobufune）
本文デザイン	APRON
印刷・製本	図書印刷株式会社

本書の無断複写、複製（コピー）は、著作権法上の例外を除き、禁じられています。購入者以外の第三者による電子データ化及び電子書籍化は、私的使用も含め一切認められておりません。本書に関するお問い合わせ、ご連絡は下記にて承ります。
https://nkbp.jp/booksQA
©Nikkei Business Publications, Inc. 2019　Printed in Japan　ISBN978-4-296-10324-9